GUÍA DEL MAESTRO
Ministerios Precepto Internacional

LA ASOMBROSA CREACIÓN DE DIOS—GUÍA DEL MAESTRO
Publicado por Ministerios Precepto de Reach Out, Inc.
Apartado Postal 182218
Chattanooga, TN 37422

ISBN 978-1-62119-781-2

A menos que se especifique, todas las citas bíblicas son tomadas de la NUEVA BIBLIA LATINOAMERICANA DE HOY. Copyright © 2005 por la Fundación Lockman. Usadas con permiso. (www.NBLH.org)

Las guías del maestro de la serie "Descubre Por Ti Mismo" fueron hechas posibles por el generoso obsequio de un viejo amigo de Ministerios Precepto.

Portada diseñada por John Phillips

Diseño Gráfico por Michele Walker

Copyright ©2013 Ministerios Precepto Internacional

Todos los derechos reservados. Ninguna parte de esta publicación puede ser reproducida, traducida o transmitida de cualquier forma o por cualquier medio, ya sea electrónico, mecánico, incluyendo fotocopias, grabaciones o mediante un sistema de almacenamiento y recuperación de información, sin el previo permiso escrito de la editorial.

Precepto, Ministerios Precepto Internacional, Ministerios Precepto Internacional Especialistas en el Método de Estudio Inductivo, La Plomada, Precepto Sobre Precepto, Dentro y Fuera, ¡Más Dulce que el Chocolate!, Galletas en el Estante de Abajo, Preceptos para la Vida, Preceptos de la Palabra de Dios y el Ministerio Estudiantil Transformados son marcas registradas de Ministerios Precepto Internacional.

2018, Impreso en los Estados Unidos de América

La asombrosa creación de Dios

GUÍA DEL MAESTRO
TABLA DE CONTENIDO

Introducción 4

Capítulos Semanales
Contenido de Descubre Por Ti Mismo 9
Primera Semana, El Sitio de Excavación 11
Segunda Semana, La Excavación Comienza 40
Tercera Semana, Palas, Picos y Cepillos 71
Cuarta Semana, Extrayendo la Evidencia 102
Quinta Semana, Continuando Nuestra Expedición 126
Sexta Semana, Cirniendo el Suelo 145

Lecciones y Examen
Lección de la Primera Semana 175
Lección de la Segunda Semana 176
Lección de la Tercera Semana 177
Lección de la Cuarta Semana 178
Lección de la Quinta Semana 179
Lección de la Sexta Semana 180
Examen Final 181
Respuestas de las Lecciones y el Examen Final 183

Juegos
Juego de Dibujar 184
Juego de Emparejar 185
Saca un Chocolate 186
Conéctate 187

La asombrosa creación de Dios

GUÍA DEL MAESTRO

Introducción

Gracias por seleccionar este estudio bíblico para tu hijo y/o clase. Dirigir a los niños en la lectura, observación, interpretación y aplicación de la Biblia por ellos mismos, les ofrece un puente para pasar de conocer a Dios "de oídas" a hacerlo en verdad. Cuando ellos se dan cuenta de que pueden estar a gusto con la idea de leer la Biblia, entonces ellos se tomarán la tarea con seriedad.

La serie "Descubre Por Ti Mismo" está diseñada para dirigir a jóvenes estudiantes a través del proceso de estudio inductivo: preguntar y preguntar una y otra vez, investigar, pensar, entender y aplicar. Ellos estarán cómodos con este proceso una vez que tú pruebes que esa posibilidad está al alcance de ellos.

"***LA ASOMBROSA CREACIÓN DE DIOS***" es un estudio de Génesis 1 y 2. Los estudiantes investigarán los primeros dos capítulos de Génesis como arqueólogos que desentierran el pasado para aprender sobre la creación de Dios. Durante esta emocionante exploración de la Palabra de Dios, ellos aprenderán que Dios creó todo para sí mismo de manera intencional y no por accidente y que el hombre fue su más grande creación, hecho a Su propia imagen. ¿No es eso asombroso?

Como preparación para dirigir "***LA ASOMBROSA CREACIÓN DE DIOS***", por favor trabaja cada "Día" por tu cuenta antes de consultar la Guía del Maestro. Ya que este es un Estudio Bíblico Inductivo, tu enseñanza será más efectiva si haces primero la tarea y Dios te revela Su verdad.

Ya sea que estés instruyendo a un niño en casa, enseñando una clase de escuela dominical, enseñando en una escuela cristiana o simplemente estés usando estos estudios para un tiempo de reflexión para tu hijo o un estudio bíblico familiar, esta Guía del Maestro te mostrará cómo dirigir clara y cuidadosamente a cada niño a través del estudio bíblico inductivo. Nosotros ofrecemos sugerencias para guiarte paso a paso. "Instrucciones Estratégicas" explica por qué se usan ciertas actividades a lo largo del libro. Escoge las actividades que mejor se ajusten a tu situación.

Padres que Educan en Casa y Estudio Bíblico Familiar

Te sugerimos que hagas un "Día" a diario a menos que sea demasiado para las habilidades de lectura y/o escritura de tu hijo. Puedes trabajar con tu niño y discutir lo que aprenden juntos o dejar que trabaje independientemente, guardando el tiempo de discusión para después.

Puedes unirte o abrir un grupo de enseñanza de hogar que se reúne una vez a la semana para hacer estos estudios. El maestro asignará una semana de tarea durante la clase. La siguiente semana el maestro dirigirá a los estudiantes en la discusión de lo que descubrieron, cómo aplicarlo y en el manejo de cualquier elemento creativo incluido en el estudio o en un juego para repasar lo que aprendieron.

Maestros de Escuela Dominical

Para usar estos estudios en una clase de escuela dominical (semanalmente) te sugerimos que trabajes un "Día" junto con tus niños cada semana en clase, ya que tendrás niños con distintos trasfondos, incluso algunos de familias que no son miembros o que no asisten regularmente a la iglesia.

Repasa brevemente cada domingo el trabajo del domingo anterior para ponerlos en contexto para el siguiente día de estudio en sus libros. Después de completar una semana del libro puedes tener un tiempo de juegos para repasar el material antes de comenzar la siguiente semana. El tiempo de juegos vuelve divertido el aprendizaje para los niños y te muestra a qué grado entienden lo que han aprendido.

Puedes dejar los libros en la iglesia y hacer que los niños se lleven versos a la casa en tarjetas u hojas de papel para que los memoricen.

Maestros de Aula

Generalmente, los maestros de aula lidian con muchas habilidades diferentes de aprendizaje dentro de su grupo. Es importante que entiendas estas distintas habilidades de aprendizaje para que te des cuenta de las necesidades que tienen y de este modo nadie se quede atrás durante el proceso.

Es importante que utilices una noción de lo que es común para tus niños (información de trasfondo) de modo que ellos puedan valerse de ello. Si vinculas el estudio con algo que el niño ya conoce, ellos entenderán la lección claramente.

Su entendimiento también es afectado por la meta cognición, la habilidad de monitorear el entendimiento del texto. Los estudiantes deben ser capaces de realizar diferentes funciones para desarrollar el control meta cognitivo sobre la lectura y comprensión. Él/ella debe ser capaz de:

1. Preguntar primero: "¿Qué ya conozco sobre este tema?", "¿tengo información suficiente para entender este texto?" Las respuestas a estas preguntas influenciarán directamente el uso del método inductivo.

2. Identificar el propósito para leer cada selección.

3. Enfocarse en información particular.

4. Monitorear la comprensión recurriendo a información de trasfondo y relacionándola con el contexto al hacer preguntas como: "¿cómo me va?", "¿estoy considerando el cuadro completo en mente?", "¿me siento sobrecargado?", "Si es así, ¿cómo lo arreglo—releo los pasajes o pido ayuda?" (No hay nada de malo con lo segundo).

5. Evaluar la comprensión del contexto al preguntar: "¿qué aprendí?" Con respecto al estudio inductivo: "¿cómo aplico esta información?"

Instrucciones Estratégicas

Escribir como respuesta refuerza al aprendizaje y por ello este método es prevalente en estos libros. Anima a los estudiantes a compartir ideas y observaciones contigo y otros estudiantes.

La lectura es la actividad más intelectual de la experiencia humana. Más sectores del cerebro están activos que en otras actividades incluyendo las matemáticas y pilotear un avión. Es la procesión de información más interactiva, aun cuando los niños están leyendo cuentos infantiles.

Toma un tiempo para que los estudiantes lean en voz alta con un amigo. Leer en voz alta y escuchar promueve interacciones entre el hemisferio izquierdo y derecho del cerebro y activa vías poco usadas. Leer en silencio activa una parte mucho menor del cerebro.

Dales la oportunidad a los estudiantes de expresarse cada vez que puedan. Esto los obliga a extraer información guardada en su base (información de trasfondo) para aplicarla a nueva información. ¿Qué mejor oportunidad hay en comparación con examinar el contenido y contexto inductivamente?

Notarás que se te pedirá que leas algo del contenido en voz alta mientras los estudiantes siguen la lectura. Esto logra que los lectores inseguros se enfoquen en el contexto en lugar de decodificar estrategias. Al hacer esto, quitarás piedras de tropiezo para la comprensión; de otro modo, los lectores reacios se convencerán que el estudio inductivo es imposible para ellos, ¡ese es el último pensamiento que quieres infundir!

Hemos incluido lecciones semanales con versos para memorizar y también preguntas de opción múltiple que obligará a los estudiantes a pensar sobre lo que han aprendido. De acuerdo a cómo ellos respondan estas preguntas, sabrás si ellos han comprendido el material adecuadamente.

En vista de esta escasa introducción sobre requisitos de aprendizaje para tener éxito, es importante que apliques estrategias que lleven a los estudiantes a desarrollar la habilidad de auto-monitorear la comprensión del contexto de cada paso en el camino. Estas **Guías del Maestro** ofrecen sugerencias para asegurar que los estudiantes, sin importar sus habilidades, aprendan a leer la Biblia con entendimiento mientras los diriges, paso a paso, en el Método de Estudio Inductivo.

Objetivos de "Descubre Por Ti Mismo"

Los objetivos de la serie "Descubre Por Ti Mismo" no son los mismos que los objetivos de comportamiento del contenido en general. Los libros contienen temas bíblicos excepcionales, pero fueron escritos *principalmente* para ser una herramienta para que los estudiantes jóvenes aprendan el Método de Estudio Inductivo.

Tocar bien un instrumento requiere repetición y aplicación de las habilidades aprendidas. De manera similar, el estudio efectivo es desarrollado por la práctica repetitiva y un buen modelo de un método de estudio excepcional. Consecuentemente, estas **Guías del Maestro** contienen objetivos globales para el estudiante y el maestro.

Comenzaremos con el maestro.

Objetivos dela Guía del Maestro de "Descubre Por Ti Mismo"

- Ayudar al maestro a identificar las necesidades meta cognitivas del estudiante al leer los textos.

- Mostrar al maestro cómo modelar el uso del Método de Estudio Inductivo para que los estudiantes sean capaces de aplicar las técnicas independientemente al estudiar la Palabra de Dios.

- Ofrecer al maestro estrategias de enseñanza efectivas para asegurar que los estudiantes tengan éxito al estudiar la Biblia.

Objetivos del Cuaderno de Trabajo de "Descubre Por Ti Mismo"

- Aprender a cómo leer, observar e interpretar la Biblia por sí mismos.

- Practicar este método independientemente en un ambiente estimulante.

Todas las citas bíblicas son tomadas de la NUEVA BIBLIA LATINOAMERICANA DE HOY. Copyright © 2005 por la Fundación Lockman. Usadas con permiso. (www.NBLH.org)

Las ilustraciones fueron hechas por Steve Bjorkman

La portada fue hecha por Left Coast Design, Portland, Oregon

Harvest House Publishers, Inc., es el titular exclusivo de la licencia de la marca registrada federalmente Discover 4 Yourself.

Discover 4 Yourself® Estudios Bíblicos para Niños
GOD'S AMAZING CREATION
Copyright ©2001 por Ministerios Precepto Internacional
Publicado por Harvest House Publishers
Eugene, Oregon 97402
www.harvesthousepublishers.com

ISBN 978-1-62119-766-9

Todos los derechos reservados. Ninguna parte de esta publicación puede ser reproducida, almacenada en un sistema de recuperación de información, o transmitida de cualquier forma o por cualquier medio—electrónico, mecánico, digital, mediante fotocopias, grabaciones o por cualquier otro—excepto por breves citas en reseñas impresas, sin el previo permiso de la editorial.

2018, Impreso en los Estados Unidos de América.

Guía de Instrucciones

(Página 5)

① Dale una copia de "*La Asombrosa Creación de Dios*" a cada estudiante.

② Ve a la página de "CONTENIDO" con ellos y dirígelos en un breve panorama del libro. Explica la estructura de cada lección, indicándoles que habrá una lección y actividades que hacer cada día durante cada uno de los cinco días.

"El Sitio de Excavación" (Panorama de Génesis 1-5) 7
Max y Silvia se unirán al equipo de arqueología del tío Jaime para desenterrar pistas que les ayudarán a entender la Palabra de Dios. Chispa, el perro detective, les acompaña. Hay mucha emoción en el campamento del sitio de excavación #1.

"La Excavación Comienza" (Génesis 1) 23
En este día Silvia, Max y Chispa se preparan para comenzar a excavar. Ellos examinarán los detalles en Génesis 1 en un mapa topográfico dividido por una cuadrícula, para descubrir qué sucedió en el principio y cómo ocurrió.

"Palas, Picos y Cepillos" (Génesis 1) 45
Hoy, Silvia y Max estudian las capas de información en la Palabra de Dios, las pistas que prueban cómo fue creada la tierra y qué tan vieja es. ¿Alguna vez te has preguntado eso?

"Extrayendo la Evidencia" (Génesis 1) 73
El equipo comienza a examinar los detalles de la creación, un día a la vez, una capa a la vez. Los estudiantes harán dibujos para mostrar el diseño de Dios de la tierra. ¡Él tuvo un plan para la creación y tú eres parte de ese diseño!

"Continuando Nuestra Excavación" (Génesis 1) 93
Silvia y Max comienzan a ver el maravilloso plan de Dios para la vida en la tierra. Él diseñó cada ser vivo para que éste continuara "según su especie". Cada criatura tiene su propio diseño especial, incluso tú. Eres creado según el diseño especial de Dios. ¿No te parece asombroso?

"Cirniendo el Suelo" (Génesis 2) 113
Dios creó al hombre, varón y hembra. ¿No es increíble que seas parte del diseño de la creación de Dios? Eso quiere decir que eres muy especial a los ojos de Dios. Y en el séptimo día Dios completó Su obra y reposó.

③ Después de dirigir a los estudiantes por una revisión del Contenido, ve a "El Sitio de Excavación" en la página 7. Lee en voz alta mientras los estudiantes siguen la lectura.

Guía de Instrucciones

(Página 6)

3. EXCAVAR EN BUSCA DE LA VERDAD
¡UN ESTUDIO BÍBLICO QUE TÚ PUEDES HACER!

¡Hola! Es grandioso verte de nuevo. ¿Adivina qué? Silvia y yo vamos a una excavación arqueológica, ¡y queremos que vengas con nosotros! Nuestro tío Jaime es un arqueólogo y ya que ser un arqueólogo se parece mucho a ser un detective, él pensó que a Silvia y a mí nos gustaría pasar parte de nuestro verano ayudándolo en una excavación. ¿No es eso emocionante? Tenemos la oportunidad de ir a una verdadera excavación y Jaime dice que también podemos llevar a Chispa (el gran perro detective) con nosotros. ¿Recuerdas cómo Chispa ama rastrear pistas con su olfato?

Mientras estamos en esta expedición necesitamos hacer una crucial investigación y descubrir cómo empezó este mundo, quién creó la tierra y cómo llegamos a este lugar. Estas preguntas son muy importantes y todos necesitan conocer las respuestas a ellas. Podrás encontrar las respuestas a esas preguntas porque tienes la Palabra de Dios, la Biblia, la fuente de toda la verdad y el Espíritu de Dios para dirigirte y guiarte. También cuentas con este libro, el cual es un estudio bíblico inductivo. Esta palabra *inductivo* significa que este estudio te ayudará a investigar el libro de Génesis y descubrir *por ti mismo* lo que significa, en lugar de depender de lo que alguien dice que significa. ¿No es eso asombroso?

Entonces, ¿estás listo para convertirte en un miembro de un verdadero equipo de excavación arqueológica, capaz de descubrir la verdad en la Palabra de Dios? Si es así, entonces empaca las maletas y nos encontraremos en el sitio de excavación. Aquí se encuentra una lista de algunas cosas que necesitarás al comenzar nuestro viaje hacia la Creciente Fértil para averiguar cuándo y cómo empezó todo.

¡Nos vemos en el sitio de excavación!

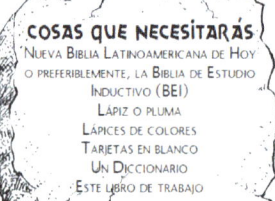

COSAS QUE NECESITARÁS
Nueva Biblia Latinoamericana de Hoy
o preferiblemente, la Biblia de Estudio Inductivo (BEI)
Lápiz o pluma
Lápices de colores
Tarjetas en blanco
Un Diccionario
Este libro de trabajo

Guía de Instrucciones

PRIMERA SEMANA

Antes de comenzar esta lección, pide a Dios que te acompañe y aclare el entendimiento de Su mensaje.

④ Lee "La Aventura Comienza" en la página 7.

Dirige una discusión sobre el trabajo de un arqueólogo y los misterios que ellos descubren al desenterrar el pasado.

1
EL SITIO DE EXCAVACIÓN

GÉNESIS 1

¡Has llegado! ¡Oh no! ¡Cuidado! Aquí viene Chispa y él está muuuuy emocionado de verte de nuevo.

"¡Chispa, ya deja eso! ¡Bájate Chispa! ¡Deja de lamer sus caras! Ellos te están viendo".

Lamento eso. Chispa se divirtió tanto trabajando contigo en nuestra aventura anterior, que está un poco emocionado. ¿Por qué no nos dirigimos a nuestra tienda y le damos a Chispa una oportunidad de calmarse? El tío Jaime y el equipo tienen lista nuestra tienda, de manera que podemos guardar nuestro equipaje. Luego estaremos listos para comenzar nuestra nueva aventura en Génesis, Parte Uno.

LA AVENTURA COMIENZA

④ ¡Oye, te ves genial en esos pantalones caquis! Lo primero que necesitamos hacer hoy es obtener nuestras instrucciones del "jefe de excavación". Necesitamos consultar con Él lo que haremos cada día antes de comenzar nuestro trabajo. ¿Sabes quién es nuestro "Jefe de Excavación"? Correcto— ¡es Dios! Antes de hacer cualquier cosa, necesitamos buscar a Dios en oración y pedirle Su sabiduría y guía

7

Guía de Instrucciones

5 Lee "Sitio de Excavación #1" en las página 8-10. Discute el significado del *contexto*, lugar, tiempo y costumbres.

Explica el alcance de la *observación*: personas (¿qué?), lugares (¿dónde?) y eventos (¿qué y ¿cuándo?) y las razones (¿por qué?).

Guía de Instrucciones

El Sitio de Excavación   9

en el cual algo se encuentra, lo cual no es solo importante en el estudio bíblico sino también en la arqueología. El contexto es una combinación de dos palabras: *con*, que significa "junto a" y *texto*, que significa "lo que está escrito". Así que cuando busques el contexto en la Biblia, buscas los versos alrededor del pasaje que estás estudiando. Luego piensas también sobre dónde encaja el pasaje dentro del cuadro completo del capítulo y libro que estás estudiando y luego en cómo el pasaje encaja en toda la Biblia.

Además el contexto incluye:

- El lugar donde ocurre algo. (Esto es el contexto geográfico, como el Creciente Fértil y no Estados Unidos y Canadá).

- El tiempo en la historia en que sucede un evento. (Esto es el contexto histórico, como el tiempo antes de Noé y el diluvio o el tiempo después del diluvio).

- Las costumbres de un grupo de gente. (Esto es el contexto cultural, como cuando las personas en los tiempo bíblicos vivían en tiendas. Por ejemplo, Abraham, quien era un hombre muy rico, vivió en una tienda y no en una casa. Ellos también vestían túnicas y no blue jeans).

Siempre es importante estar buscando el contexto porque te ayuda a descubrir lo que la Biblia está diciendo. Podemos hallar el contexto con la observación. Comenzamos examinando las cosas que son obvias, estas son las cosas que son más fáciles de ver. En la Biblia las tres cosas más fáciles de notar son siempre:

1. personas (¿QUIÉN?)

2. lugares (¿DÓNDE?)

3. eventos (¿QUÉ?)

Así que al comenzar hoy, prestemos atención a lo obvio en Génesis 1 al ir a nuestros Registros de Observaciones. Los Registros de Observaciones son páginas que tienen el texto bíblico impreso para que lo uses al buscar la verdad por ti mismo.

Guía de Instrucciones

6 Ve a la página 138 y lee Génesis 1 en voz alta mientras los estudiantes siguen la lectura. Este es un capítulo muy largo, así que si ellos escuchan una lectura pausada de tu parte, podrás establecer el panorama del capítulo en las mentes de los estudiantes. Pregunta: "¿QUÉ está sucediendo en este capítulo?" Discute sobre la creación de Dios con ellos. Luego, discutan cómo hacer un título para el evento principal de Génesis 1. Pide a tus estudiantes que lleguen a un título para Génesis 1 como "La creación de Dios", "Dios crea el mundo", etc.

REGISTRO DE OBSERVACIONES

GÉNESIS 1-5

 Capítulo 1

1 En el principio Dios creó los cielos y la tierra.

2 La tierra estaba sin orden y vacía y las tinieblas cubrían la superficie del abismo y el Espíritu de Dios se movía sobre la superficie de las aguas.

3 Entonces dijo Dios: "Sea la luz." Y hubo luz.

4 Dios vio que la luz *era* buena; y Dios separó la luz de las tinieblas.

5 Y Dios llamó a la luz día y a las tinieblas llamó noche. Y fue la tarde y fue la mañana: un día.

6 Entonces dijo Dios: "Haya expansión (firmamento) en medio de las aguas y separe las aguas de las aguas."

7 Dios hizo la expansión (el firmamento) y separó las aguas que *estaban* debajo de la expansión de las aguas que *estaban* sobre la expansión. Y así fue.

8 Y Dios llamó a la expansión cielos. Y fue la tarde y fue la mañana: el segundo día.

138

Guía de Instrucciones

REGISTRO DE OBSERVACIONES   139

9 Entonces dijo Dios: "Júntense en un lugar las aguas *que están* debajo de los cielos y que aparezca lo seco." Y así fue.

10 Dios llamó a lo seco "tierra," y al conjunto de las aguas llamó "mares." Y Dios vio que *era* bueno.

11 Entonces dijo Dios: "Produzca la tierra vegetación: hierbas que den semilla, y árboles frutales que den su fruto con su semilla sobre la tierra según su especie." Y así fue.

12 Y produjo la tierra vegetación: hierbas que dan semilla según su especie y árboles que dan su fruto con semilla, según su especie. Y Dios vio que *era* bueno.

13 Y fue la tarde y fue la mañana: el tercer día.

14 Entonces dijo Dios: "Haya lumbreras en la expansión de los cielos para separar el día de la noche y sean para señales y para estaciones y para días y *para* años;

15 y sean por luminarias en la expansión de los cielos para alumbrar sobre la tierra." Y así fue.

16 Dios hizo las dos grandes lumbreras, la lumbrera mayor para dominio del día y la lumbrera menor para dominio de la noche. *Hizo* también las estrellas.

17 Dios las puso en la expansión de los cielos para alumbrar sobre la tierra,

Guía de Instrucciones

> **140**   REGISTRO DE OBSERVACIONES
>
> 18 y para dominar el día y la noche y para separar la luz de las tinieblas. Y Dios vio que *era* bueno.
>
> 19 Y fue la tarde y fue la mañana: el cuarto día.
>
> 20 Entonces dijo Dios: "Llénense las aguas de multitudes de seres vivientes y vuelen las aves sobre la tierra en la abierta expansión de los cielos."
>
> 21 Y Dios creó los grandes monstruos marinos y todo ser viviente que se mueve, de los cuales, según su especie, están llenas las aguas y toda ave según su especie. Y Dios vio que *era* bueno.
>
> 22 Dios los bendijo, diciendo: "Sean fecundos y multiplíquense y llenen las aguas en los mares y multiplíquense las aves en la tierra."
>
> 23 Y fue la tarde y fue la mañana: el quinto día.
>
> 24 Entonces dijo Dios: "Produzca la tierra seres vivientes según su especie: ganados, reptiles y animales de la tierra según su especie." Y así fue.
>
> 25 Dios hizo las bestias de la tierra según su especie y el ganado según su especie y todo lo que se arrastra sobre la tierra según su especie. Y Dios vio que *era* bueno.
>
> 26 Y dijo Dios (Padre, Hijo y Espíritu Santo): "Hagamos al hombre a Nuestra imagen, conforme a Nuestra semejanza; y ejerza dominio

> REGISTRO DE OBSERVACIONES   **141**
>
> sobre los peces del mar, sobre las aves del cielo, sobre los ganados, sobre toda la tierra y sobre todo reptil que se arrastra sobre la tierra."
>
> 27 Dios creó al hombre a imagen Suya, a imagen de Dios lo creó; varón y hembra los creó.
>
> 28 Dios los bendijo y les dijo: "Sean fecundos y multiplíquense. Llenen la tierra y sométanla. Ejerzan dominio sobre los peces del mar, sobre las aves del cielo y sobre todo ser viviente que se mueve sobre la tierra."

Revelando un Misterio

29 También les dijo Dios: "Miren, Yo les he dado a ustedes toda (Página 141) planta que da semilla que hay en la superficie de toda la tierra y todo árbol que tiene fruto que da semilla; esto les servirá de alimento.

30 Y a todo animal de la tierra, a toda ave de los cielos y a todo lo que se mueve sobre la tierra y que tiene vida, *les he dado* toda planta verde para alimento." Y así fue.

31 Dios vio todo lo que había hecho; y era bueno en gran manera. Y fue la tarde y fue la mañana: el sexto día.

Guía de Instrucciones

7 Dibuja la creación de Dios en el cuadro provisto en la página 10.

---

10 PRIMERA SEMANA

Ve a la página 138 y lee Génesis 1.

Una cosa que necesita un arqueólogo en su sitio de excavación es un artista que dibuje descubrimientos importantes. Después que hayas leído Génesis 1, harás el trabajo de un artista. Dibuja el evento principal que descubras en Génesis 1 en el cuadro de abajo.

Ahora hazte esta pregunta: ¿QUÉ está sucediendo en este capítulo? Luego escribe un título para el evento principal en la línea abajo del cuadro. Un título es una descripción muy breve que dice cuál es el evento principal. Un título debería:

1. ser tan corto como sea posible
2. describir lo principal que se trata en el capítulo
3. si es posible, usar palabras que encuentras en el capítulo, en lugar de tus propias palabras
4. ser fácil de recordar
5. ser distinto de los otros títulos, para que puedas diferenciarlos

Génesis 1

La Creación de Dios

Guía de Instrucciones

8 Lee el texto en la página 11 y discute el significado de "*código*". El código jeroglífico en el cuadro de la página 11 es un mensaje egipcio.

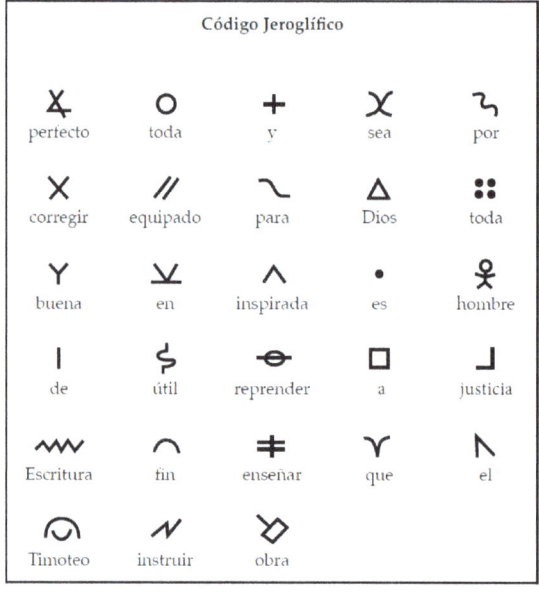

Guía de Instrucciones

9 Usa el código jeroglífico para descifrar el mensaje de Dios en la página 12. Copia el mensaje en una tarjeta y memoriza los versos.

"Toda Escritura es inspirada por Dios y útil para enseñar, para reprender, para corregir, para instruir en justicia, a fin de que el hombre de Dios sea perfecto, equipado para toda buena obra". 2 Timoteo 3:16-17

Guía de Instrucciones

Dios se complace cuando lees Su Palabra. Pídele que te ayude a entender Su mensaje hoy.

10 Ve a la página 13 y lee "Dibujando el Mapa".

11 Ve a la página 141 y lee Génesis 2 en voz alta mientras los estudiantes siguen la lectura. Pídeles que coloreen a *Adán* con un lápiz de color naranja cada vez que lean su nombre.

(Página 13)

10

Dibujando el Mapa

¡Buenos días! ¿Estás listo para regresar a nuestro sitio de excavación? Hoy continuaremos dibujando lo principal que sucede en Génesis, para ayudar a nuestro topógrafo a tener un mapa claro de lo importante en nuestra excavación. Pero antes de comenzar, Chispa está aullando. Él está tratando de asegurarse que no nos olvidemos de reportarnos con nuestro "Jefe de Excavación" primero. ¿Has orado? Bien.

Entonces vamos al sitio al dirigirnos a la página 141 en nuestro Registro de Observaciones de Génesis 2. Lee Génesis 2. Al leer hoy, marca cada referencia a la palabra *Adán* de una manera especial, coloreándola de naranja. No te preocupes sobre marcar cualquier pronombre o sinónimo de *Adán*. Solo marca la palabra *Adán*.

---

11 Capítulo 2 (Página 141)

1 Así fueron acabados los cielos y la tierra y todas sus huestes

(todo lo que en ellos hay).

Guía de Instrucciones

---

142   REGISTRO DE OBSERVACIONES

2 En el séptimo día ya Dios había completado la obra que había estado haciendo y reposó en el día séptimo de toda la obra que había hecho.

3 Dios bendijo el séptimo día y lo santificó, porque en él reposó de toda la obra que Él había creado y hecho.

4 Estos son los orígenes de los cielos y de la tierra cuando fueron creados, el día en que el Señor Dios hizo la tierra y los cielos.

5 Aún no había ningún arbusto del campo en la tierra, ni había aún brotado ninguna planta del campo, porque el Señor Dios no había enviado lluvia sobre la tierra, ni había hombre para labrar la tierra.

6 Pero se levantaba de la tierra un vapor que regaba toda la superficie del suelo.

7 Entonces el Señor Dios formó al hombre del polvo de la tierra y sopló en su nariz el aliento de vida y fue el hombre un ser viviente.

8 Y el Señor Dios plantó un huerto hacia el oriente, en Edén y puso allí al hombre que había formado.

9 El Señor Dios hizo brotar de la tierra todo árbol agradable a la vista y bueno para comer. Asimismo, en medio del huerto, hizo brotar el árbol de la vida y el árbol del conocimiento (de la ciencia) del bien y del mal.

REGISTRO DE OBSERVACIONES   143

10 Del Edén salía un río para regar el huerto y de allí se dividía y se convertía en *otros* cuatro ríos.

11 El nombre del primero es Pisón. Este es el que rodea toda la tierra de Havila, donde hay oro.

12 El oro de aquella tierra es bueno; allí hay bedelio y ónice.

Guía de Instrucciones

> (Página 143)
>
> 13 El nombre del segundo río es Gihón. Este es el que rodea la tierra de Cus.
>
> 14 El nombre del tercer río es Tigris. Este es el que corre al oriente de Asiria. Y el cuarto río es el Éufrates.
>
> 15 El Señor Dios tomó al hombre y lo puso en el huerto del Edén para que lo cultivara y lo cuidara.
>
> 16 Y el Señor Dios ordenó al hombre: "De todo árbol del huerto podrás comer,
>
> 17 pero del árbol del conocimiento (de la ciencia) del bien y del mal no comerás, porque el día que de él comas, ciertamente morirás."
>
> 18 Entonces el Señor Dios dijo: "No es bueno que el hombre esté solo; le haré una ayuda adecuada."
>
> 19 Y el Señor Dios formó de la tierra todo animal del campo y toda ave del cielo, y *los* trajo al hombre para ver cómo los llamaría. Como el hombre llamó a cada ser viviente, ése fue su nombre.

> 144 REGISTRO DE OBSERVACIONES
>
> 20 El hombre puso nombre a todo ganado y a las aves del cielo y a todo animal del campo, pero para ==Adán== no se encontró una ayuda que fuera adecuada para él.
>
> 21 Entonces el Señor Dios hizo caer un sueño profundo sobre el hombre, y *éste* se durmió. Y *Dios* tomó una de sus costillas y cerró la carne en ese lugar.
>
> 22 De la costilla que el Señor Dios había tomado del hombre, formó una mujer y la trajo al hombre.
>
> 23 Y el hombre dijo:
> "Esta es ahora hueso de mis huesos,
> Y carne de mi carne.
> Ella será llamada mujer,
> Porque del hombre fue tomada."
>
> 24 Por tanto el hombre dejará a su padre y a su madre y se unirá a su mujer y serán una sola carne.
>
> 25 Ambos estaban desnudos, el hombre y su mujer, pero no se avergonzaban.

Ahora ¿DÓNDE es el primer lugar en el que viste la palabra *Adán*? Escribe el capítulo y verso en el cual se usa *Adán* por primera vez. (Página 13)

Génesis 2:20

14   PRIMERA SEMANA

Ahora dibuja la imagen completa de lo que ocurre en Génesis 2 en el cuadro de abajo y escribe un título para nuestro topógrafo.

Génesis 2
Dios creó al hombre y a la mujer

¿Notaste que tanto Génesis 1 y 2 tratan el mismo tema? ¿Cuál es ese tema? La C **reación**

¡Vaya! ¡Lo hiciste! Has descubierto nuestra primera pista en el libro de Génesis. Ahora antes de ir a las duchas, practiquemos nuestro verso de memoria de "3 x 3, eso es tres veces seguidas en voz alta, tres veces al día.

Guía de Instrucciones

¿Cuál es el primer verso en que el nombre de Adán aparece? Génesis 2:20

Dirige una discusión sobre el contenido de Génesis 2. **Dios crea al hombre y la mujer.**

12 Pide a los estudiantes que dibujen una ilustración en el cuadro de la página 14 y escriban un título para el dibujo.

¿CUÁL es el tema? ¡C R E A C I Ó N! ¡Dios creó todo!

Guía de Instrucciones

Antes de comenzar esta lección, asegúrate de que Dios está contigo. Pídele que te enseñe un mensaje claro en este día.

13 Ve a la página 14 y lee "En el Campo".

14 Ve a la página 144 y lee Génesis 3:1-24 en voz alta mientras los estudiantes siguen la lectura. Marca las referencias a *Adán* coloreándolas con un lápiz de color naranja.

Este capítulo describe la primera vez que ocurre el pecado. Discute sobre la severidad de desobedecer a Dios. El Señor solo prohibió una cosa a Adán y Eva, comer del árbol en medio del huerto. Pero la tentación entró a sus corazones y ellos desobedecieron. ¡Esto es pecado!

Guía de Instrucciones

> 7 Entonces fueron abiertos los ojos de ambos y conocieron (Página 145) que estaban desnudos; y cosieron hojas de higuera y se hicieron delantales.
>
> 8 Y oyeron al Señor Dios que se paseaba en el huerto al fresco del día. Entonces el hombre y su mujer se escondieron de la presencia del Señor Dios entre los árboles del huerto.
>
> 9 Pero el Señor Dios llamó al hombre y le dijo: "¿Dónde estás?"

146   Registro de Observaciones

> 10 Y él respondió: "Te oí en el huerto, tuve miedo porque estaba desnudo y me escondí."
>
> 11 "¿Quién te ha hecho saber que estabas desnudo?" le preguntó Dios. "¿Has comido del árbol del cual Yo te mandé que no comieras?"
>
> 12 El hombre respondió: "La mujer que Tú me diste por compañera me dio del árbol y yo comí."
>
> 13 Entonces el Señor Dios dijo a la mujer: "¿Qué es esto que has hecho?" "La serpiente me engañó y yo comí," respondió la mujer.
>
> 14 Y el Señor Dios dijo a la serpiente: "Por cuanto has hecho esto, Maldita serás más que todos los animales, y más que todas las bestias del campo. Sobre tu vientre andarás, y polvo comerás Todos los días de tu vida.
>
> 15 "Pondré enemistad entre tú y la mujer, y entre tu simiente y su simiente; él te herirá en la cabeza, y tú lo herirás en el talón."
>
> 16 A la mujer dijo: "En gran manera multiplicaré tu dolor en el parto, con dolor darás a luz los hijos. Con todo, tu deseo será para tu marido, Y él tendrá dominio sobre ti."
>
> 17 Entonces el Señor dijo a ==Adán==: "Por cuanto has escuchado la voz de tu mujer y has comido del árbol del cual te ordené, diciendo: 'No comerás de él,' Maldita será la tierra por tu causa; Con trabajo (dolor) comerás de ella Todos los días de tu vida.

Guía de Instrucciones

> Registro de Observaciones   147
>
> 18 "Espinos y cardos te producirá, Y comerás de las plantas del campo."
>
> 19 "Con el sudor de tu rostro Comerás *el* pan hasta que vuelvas a la tierra, porque de ella fuiste tomado; Pues polvo eres, y al polvo volverás."
>
> 20 El hombre le puso por nombre Eva a su mujer, porque ella era la madre de todos los vivientes.
>
> 21 El Señor Dios hizo vestiduras de piel para ==Adán== y su mujer y los vistió.
>
> 22 Entonces el Señor Dios dijo: "Ahora el hombre ha venido a ser como uno de Nosotros (Padre, Hijo y Espíritu Santo), conociendo ellos el bien y el mal. Cuidado ahora, no vaya a extender su mano y tome también del árbol de la vida y coma y viva para siempre."
>
> 23 Y el Señor Dios lo echó del huerto del Edén, para que labrara la tierra de la cual fue tomado.
>
> 24 Expulsó, pues, al hombre; y al oriente del huerto del Edén puso querubines y una espada encendida que giraba en todas direcciones para guardar el camino del árbol de la vida.

Revelando un Misterio

El Sitio de Excavación 15

Ahora dibuja el evento principal y dale un título.

15

Génesis 3

El hombre es tentado y desobedece

¡Fantástico! ¡Otra pieza para nuestro mapa está dibujada! Persiste. Estás haciendo un gran trabajo asentando las bases. Necesitamos un mapa arqueológico completo antes que podamos comenzar nuestra excavación.

Guía de Instrucciones

15 Dirige una discusión sobre el contenido de Génesis 3.

Dibuja el evento principal y escribe un título para tu dibujo. El hombre es tentado y desobedece.

Guía de Instrucciones

Pide a Dios que te dé un mensaje especial de Su Palabra hoy. Él está contigo cuando estudias Su Palabra.

16 Ve a la página 15 y lee "Continuando el Asentamiento de las Bases"

17 Ve a la página 148 y lee Génesis 4 en voz alta mientras los estudiantes siguen la lectura y marcan las referencias a *Adán* con el color naranja.

Discute sobre *Caín y Abel*. Caín envidió a Abel cuando Dios aceptó la ofrenda de Abel pero no la suya. Él perdió el control y mató a Abel ¡el primer asesinato! ¿Cómo fue castigado Caín? ¿Qué le dijo el Señor? Él fue desterrado de la presencia del Señor, ¡algo terrible!

(Página 15)

16 CONTINUANDO EL ASENTAMIENTO DE LAS BASES

"Oye Max, pásame la cantimplora. Hace mucho calor aquí afuera".

"Seguro que sí, Silvia. ¿Puedes creer toda la investigación que hemos hecho hasta ahora? Estamos casi listos para comenzar a excavar. ¡Apenas puedo esperar!"

"Yo también, Max".

Así que apresurémonos y regresemos a nuestro Registro de Observaciones en el página 148. Mientras tomamos una bebida fría

---

16 PRIMERA SEMANA

podemos leer Génesis 4. Leamos y marquemos toda referencia a la palabra *Adán* coloreándola de naranja tal como lo hicimos ayer.

---

148 REGISTRO DE OBSERVACIONES

Capítulo 4

17 1 Y el hombre (Adán) se unió a Eva, su mujer y ella concibió y dio a luz a Caín y dijo: "He adquirido varón con *la ayuda del* Señor."

2 Después dio a luz a Abel su hermano. Y Abel fue pastor de ovejas y Caín fue labrador de la tierra.

3 Al transcurrir el tiempo, Caín trajo al Señor una ofrenda del fruto de la tierra.

4 También Abel, por su parte, trajo de los primogénitos de sus ovejas y de la grasa de los mismos. El Señor miró con agrado a Abel y su ofrenda,

Guía de Instrucciones

5 pero no miró con agrado a Caín y su ofrenda. Caín se enojó (Página 148) mucho y su semblante se demudó.

6 Entonces el Señor dijo a Caín: "¿Por qué estás enojado y por qué se ha demudado tu semblante?

7 "Si haces bien, ¿no serás aceptado? Pero si no haces bien, el pecado yace a la puerta y te codicia, pero tú debes dominarlo."

8 Caín dijo a su hermano Abel: "Vayamos al campo." Y aconteció que cuando estaban en el campo, Caín se levantó contra su hermano Abel y lo mató.

Registro de Observaciones — 149

9 Entonces el Señor dijo a Caín: "¿Dónde está tu hermano Abel?" Y él respondió: "No sé. ¿Soy yo acaso guardián de mi hermano?"

10 Y el Señor le dijo: "¿Qué has hecho? La voz de la sangre de tu hermano clama a Mí desde la tierra.

11 "Ahora pues, maldito eres de la tierra, que ha abierto su boca para recibir de tu mano la sangre de tu hermano."

12 "Cuando cultives el suelo, no te dará más su vigor. Vagabundo y errante serás en la tierra."

13 Y Caín dijo al Señor: "Mi castigo es demasiado grande para soportarlo.

14 "Hoy me has arrojado de la superficie de la tierra y de Tu presencia me esconderé y seré vagabundo y errante en la tierra. Y sucederá que cualquiera que me halle me matará."

15 Entonces el Señor le dijo: "No será así, *pues* cualquiera que mate a Caín, siete veces sufrirá venganza." Y el Señor puso una señal sobre Caín, para que cualquiera que lo hallara no lo matara.

16 Y salió Caín de la presencia del Señor y se estableció (habitó) en la tierra de Nod, al oriente del Edén.

Guía de Instrucciones

---

150   REGISTRO DE OBSERVACIONES

17 Y conoció Caín a su mujer y ella concibió y dio a luz a Enoc. Caín edificó una ciudad y la llamó Enoc, como el nombre de su hijo.

18 A Enoc le nació Irad. Irad fue padre de Mehujael, Mehujael fue padre de Metusael y Metusael fue padre de Lamec.

19 Lamec tomó para sí dos mujeres. El nombre de una *era* Ada y el nombre de la otra, Zila.

20 Y Ada dio a luz a Jabal, el cual fue padre de los que habitan en tiendas y *tienen* ganado.

21 Su hermano se llamaba Jubal, el cual fue padre de todos los que tocan la lira y la flauta.

22 Zila a su vez dio a luz a Tubal Caín, forjador de todo utensilio de bronce y de hierro. Y la hermana de Tubal Caín *era* Naama.

23 Lamec dijo a sus mujeres: "Ada y Zila, oigan mi voz; Mujeres de Lamec, presten oído a mis palabras, pues he dado muerte a un hombre por haberme herido, y a un muchacho por haberme pegado.

24 "Si siete veces es vengado Caín, Entonces Lamec *lo será* setenta veces siete."

REGISTRO DE OBSERVACIONES   151

25 Adán se unió otra vez a su mujer; y ella dio a luz un hijo y le puso por nombre Set, porque, *dijo ella*: "Dios me ha dado otro hijo en lugar de Abel, pues Caín lo mató."

26 A Set le nació también un hijo y le puso por nombre Enós. Por ese tiempo comenzaron *los hombres* a invocar el nombre del S<small>EÑOR</small>.

Guía de Instrucciones

18 Regresa a la página 16 y dibuja el evento principal de Génesis 4. ¿Caín y Abel? ¿Caín mató a Abel? ¿Qué título le darías a este dibujo? <u>¿El primer asesinato?</u>

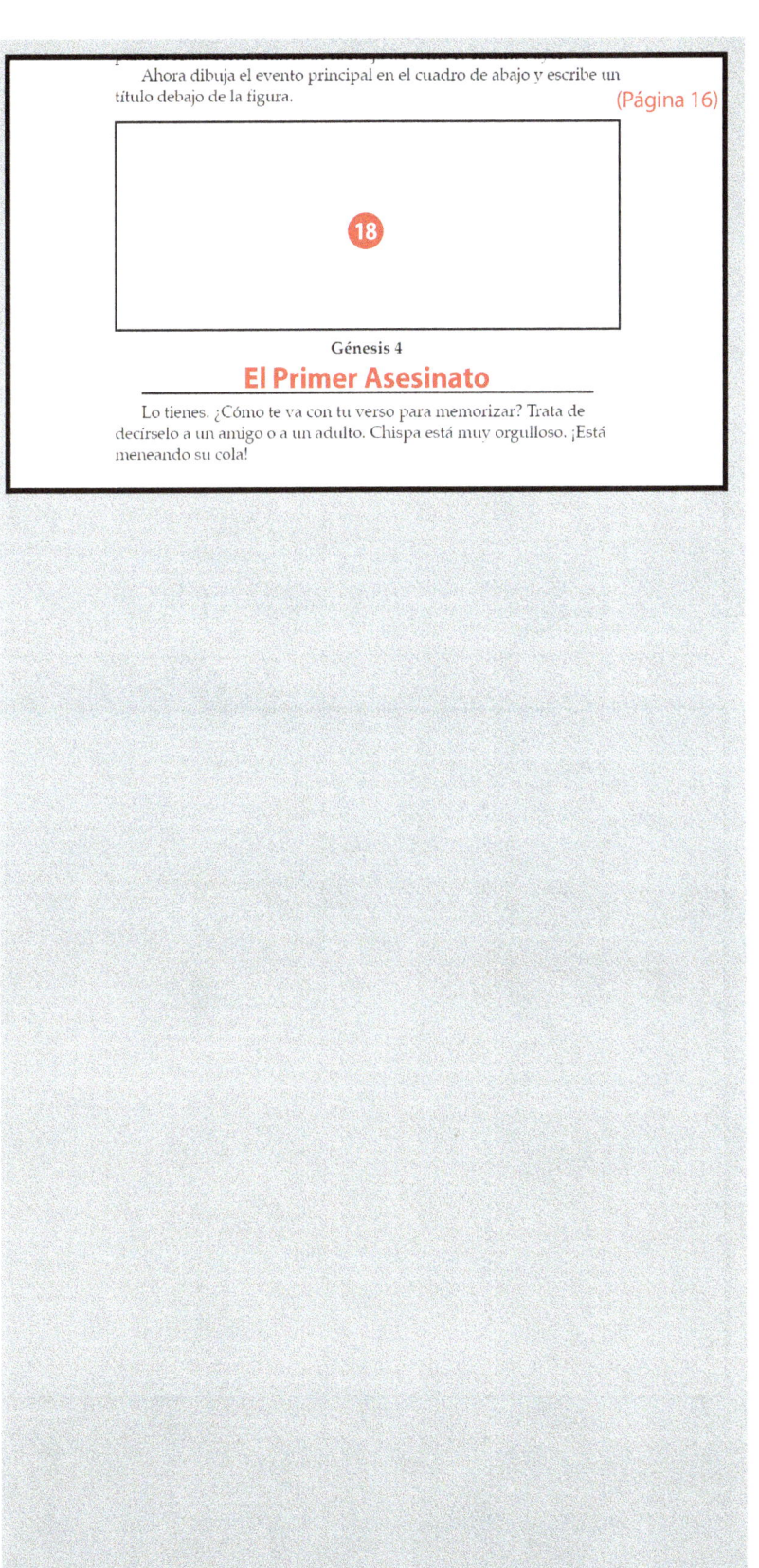

Guía de Instrucciones

Esta lección será el último panorama de los primeros cinco capítulos de Génesis. Después de esto, excavarás mucho más profundo en el tema de Génesis 1 y 2. ¡Así que prepárate para un emocionante desafío!

Pide a Dios que esté contigo al profundizar en Su Palabra. Necesitarás Su ayuda para concentrarte en el capítulo 5. Él te guiará al entendimiento de Su Palabra.

19 Ve a la página 16 y lee "Terminando el Mapa".

20 Ve a la página 151 y lee Génesis 5 en voz alta mientras los estudiantes siguen la lectura. Pídeles que marquen *Adán* usando un color naranja y subrayen la frase *"y murió"* con un lápiz de color café. Junto a cada frase, escribe cuánto tiempo vivió cada hombre.

Génesis 5:5   Adán vivió 930 años.

Génesis 5:8   Set vivió 912 años.

Génesis 5:11   Enós vivió 905 años.

Génesis 5:14   Cainán vivió 910 años.

Génesis 5:17   Mahalaleel vivió 895 años.

Génesis 5:20   Jared vivió 962 años.

Génesis 5:23   Enoc vivió 365 años, *pero él no murió, Dios se lo llevó* (Génesis 5:24). Enoc anduvo con Dios.

Génesis 5:27   Matusalén vivió 969 años.

Génesis 5:31   Lamec vivió 777 años. Lamec fue el padre de Noé.

---

19 (Página 16)

TERMINANDO EL MAPA

¿Puedes creerlo, Max? Solo nos queda un capítulo más que hacer para nuestro panorama general, luego nuestro mapa estará completo y estaremos listos para comenzar a excavar".

"Lo sé, Silvia. Chispa tampoco puede esperar. Ya sabes cómo le encanta cavar".

El Sitio de Excavación   17

Así que tomemos nuestros lápices y nuestras libretas de dibujo y vamos a Génesis 5 en la página 151. Lee Génesis 5 y marca *Adán* de la misma manera que lo hemos hecho en los otros capítulos.

Luego toma un lápiz café y subraya la frase *"y murió"*. Cada vez

---

20 (Página 151)

Capítulo 5

1 Este es el libro de las generaciones de Adán. El día que Dios creó al hombre, a semejanza de Dios lo hizo.

2 Varón y hembra los creó. Los bendijo y los llamó Adán el día en que fueron creados.

3 Cuando Adán había vivido 130 años, engendró *un hijo* a su semejanza, conforme a su imagen y le puso por nombre Set.

4 Y los días de Adán después de haber engendrado a Set fueron 800 años y tuvo *otros* hijos e hijas.

930 años 5 El total de los días que Adán vivió fue de 930 años y <u>murió</u>.

6 Set vivió 105 años y fue padre de Enós.

7 Y vivió Set 807 años después de haber engendrado a Enós y tuvo *otros* hijos e hijas.

Guía de Instrucciones

> | 152 | Registro de Observaciones |
> |---|---|
>
> 912 años   8 El total de los días de Set fue de 912 años y murió.
>
> 9 Enós vivió 90 años y fue padre de Cainán.
>
> 10 Y vivió Enós 815 años después de haber engendrado a Cainán y tuvo *otros* hijos e hijas.
>
> 905 años   11 El total de los días de Enós fue de 905 años y murió.
>
> 12 Cainán vivió 70 años y fue padre de Mahalaleel.
>
> 13 Y vivió Cainán 840 años después de haber engendrado a Mahalaleel y tuvo *otros* hijos e hijas.
>
> 910 años   14 El total de los días de Cainán fue de 910 años y murió.
>
> 15 Mahalaleel vivió 65 años y fue padre de Jared.
>
> 16 Y vivió Mahalaleel 830 años después de haber engendrado a Jared y tuvo *otros* hijos e hijas.
>
> 895 años   17 El total de los días de Mahalaleel fue de 895 años y murió.
>
> 18 Jared vivió 162 años y fue padre de Enoc.
>
> 19 Y vivió Jared 800 años después de haber engendrado a Enoc y tuvo *otros* hijos e hijas.
>
> 962 años   20 El total de los días de Jared fue de 962 años y murió.
>
> 21 Enoc vivió 65 años y fue padre de Matusalén.
>
> 22 Enoc anduvo con Dios 300 años después de haber engendrado a Matusalén y tuvo *otros* hijos e hijas.
>
> 365 años   23 El total de los días de Enoc fue de 365 años.

Guía de Instrucciones

> REGISTRO DE OBSERVACIONES 153
>
> 24 Y Enoc anduvo con Dios y desapareció porque Dios se lo llevó.
>
> 25 Matusalén vivió 187 años y fue padre de Lamec.
>
> 26 Y vivió Matusalén 782 años después de haber engendrado a Lamec y tuvo *otros* hijos e hijas.
>
> 969 años 27 El total de los días de Matusalén fue de 969 años y <u>murió</u>.
>
> 28 Lamec vivió 182 años y tuvo un hijo.
>
> 29 Y le puso por nombre Noé, diciendo: "Este nos dará descanso de nuestra labor y del trabajo de nuestras manos, por *causa* de la tierra que el Señor ha maldecido."
>
> 30 Y vivió Lamec 595 años después de haber engendrado a Noé y tuvo otros hijos e hijas.
>
> 777 años 31 El total de los días de Lamec fue de 777 años y <u>murió</u>.
>
> 32 Noé tenía 500 años, y fue padre de Sem, de Cam y de Jafet.

(Página 17)

Luego toma un lápiz café y subraya la frase *"y murió"*. Cada vez que veas la frase "y murió", escribe a lado de la frase, cuánto tiempo vivió cada hombre, según lo que la Biblia dice.

Ahora haz tu dibujo del evento principal de Génesis 5 y escribe un título debajo de tu dibujo.

Génesis 5
Las Generaciones de Adán

¡Lo hiciste! Ahora tienes el panorama general de lo que sucede en los primeros cinco capítulos de Génesis. ¿No estás emocionado por todo lo que has visto? Y apenas hemos comenzado a raspar la superficie.

¿QUIÉN crees que escribió el Libro de Génesis? Has descubierto en tu panorama que Génesis es un libro sobre el principio, sobre la Creación, entonces ¿QUIÉN estaba allí para contar qué pasó realmente, excepto Dios?

Guía de Instrucciones

21 En la página 17, dibuja el evento principal de Génesis 5 y escribe un título. Inicia una discusión.

Alternativas sugeridas: divide a los estudiantes en grupos. Que cada grupo escoja una parte de las generaciones de Adán y los dibuje en un pliego de cartulina.

Por ejemplo:

Grupo 1 Génesis 5:1-8 Adán-Set-Enós

Grupo 2 Génesis 5:9-14 Enós-Cainán-Mahalaleel

Grupo 3 Génesis 5:15-20 Mahalaleel-Jared-Enoc

Grupo 4 Génesis 5:21-27 Enoc-Matusalén-Lamec

Grupo 5 Génesis 5:28-32 Lamec-Noé

(Los hijos de Noé fueron Sem, Cam y Jafet).

Cuelga cada pliego en la pared para mostrar las generaciones de Adán.

Guía de Instrucciones

22 Ve a la página 18. Lee las notas en la página 18 y luego escribe los nombres de los primeros cinco libros de la Biblia.

Génesis

Éxodo

Levítico

Números

Deuteronomio

23 Usa las referencias cruzadas en las páginas 18-20 para responder las siguientes preguntas:

Juan 5:46-47 ¿QUIÉN está hablando? Jesús

El Sitio de Excavación

¿QUIÉN escribió sobre Jesús?

Moisés

¿Deberíamos creer sus palabras? **X** Sí _____ No

Ahora lee Juan 7:19. ¿QUIÉN está hablando? (Pista: mira el verso 16).

Jesús

¿QUIÉN dio la ley?

Moisés

Así que al mirar estos versos, ¿QUIÉN dirías que es el autor de Génesis?

Moisés

Pero ¿CÓMO escribió Moisés Génesis cuando él ni siquiera había nacido hasta el tiempo de Éxodo? ¿CÓMO supo Moisés qué escribir? Volvamos a la Palabra y veamos QUÉ nos dice la Biblia.

Busca y lee 2 Pedro 1:20-21.

2 Pedro 1:21. ¿CÓMO supieron estos hombres qué escribir?

Hombres **inspirados** por el **Espíritu** **Santo** hablaron de parte de **Dios**.

Lee Éxodo 17:14. ¿QUÉ le dijo Dios a Moisés que hiciera?

Escribe esto en un libro

Guía de Instrucciones

¿QUIÉN escribió sobre Jesús? Moisés

Juan 7:19 ¿QUIÉN está hablando? Jesús

¿QUIÉN entregó la ley? Moisés

¿QUIÉN es el autor de Génesis? Moisés

Pero, ¿CÓMO escribió Moisés el libro de Génesis si él ni siquiera había nacido sino hasta el tiempo del Éxodo? ¿CÓMO supo Moisés qué escribir?

1 Pedro 1:21 ¿CÓMO supieron los hombres qué escribir? Hombres inspirados por el Espíritu Santo hablaron de parte de Dios.

Éxodo 17:14 ¿QUÉ le dijo Dios a Moisés que hiciera? ¡Escribe esto en un libro!

Guía de Instrucciones

Éxodo 24:4 ¿QUÉ hizo Moisés? <u>"Moisés escribió todas las palabras del Señor".</u>

(24) Repasa el verso para memorizar de 2 Timoteo 3:16-17. **"Toda Escritura es <u>inspirada</u> por Dios".** Eso significa que las palabras de Dios fueron puestas en las mentes de los hombres.

Lee las notas de las páginas 20-21. Discute sobre las preguntas personales y sus respuestas. Que cada estudiante responda por sí mismo.

El Sitio de Excavación   21

- ¿Estás dispuesto a ser corregido? ¿Cambiarás lo que está mal por lo que está bien, incluso si eso significa cambiar lo que crees? _____ Sí _____ No

¡Buen trabajo! Nuestro mapa arqueológico está completo y ya hemos visto algunas verdades muy importantes que necesitamos recordar y aplicar a nuestras vidas. Al dirigirnos a nuestra tienda, toma un momento para pensar sobre lo que has aprendido que no sabías antes. Agradece a Dios por amarte tanto que te creó y te dio Su santa Palabra para que puedas conocer la verdad y vivir de una manera que Le agrade. Luego vete a la cama. La mañana llega temprano, ¡y mañana comenzamos la excavación!

Guía de Instrucciones

¡EXCELENTE TRABAJO! Este fue un estudio serio pero gratificante que te preparó para profundizar aún más en la creación y plan de Dios.

Si eres un maestro de aula querrás tomarles el verso para memorizar como lección a tus estudiantes. Además hay una lección de la Primera Semana en la página 176 para evaluar la memorización y comprensión.

Querrás jugar el Juego de *Dibujar en la página* 185. Que tus niños dibujen el evento principal de Génesis 1-5.

Guía de Instrucciones

SEGUNDA SEMANA

Has completado un panorama de Génesis 1-5. Esta semana nos concentraremos en Génesis 1 para aprender verdades en detalle de la creación de Dios.

Pide a Dios que esté contigo al profundizar en Su preciosa Palabra. Él tendrá un mensaje especial cuando Él entre a tu mente y corazón.

25 Ve a la página 23 y lee "Génesis 1" con los estudiantes.

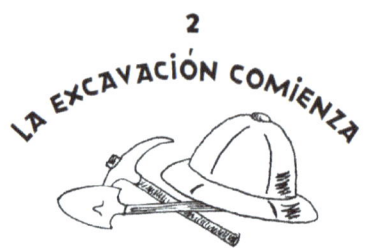

2
LA EXCAVACIÓN COMIENZA

GÉNESIS 1

Mientras Max dormía, de repente sintió algo húmedo y áspero en su rostro. "¡Ugh!" pensó al abrir sus ojos. "¿Qué es eso? ¡Chispa! Para eso, Chispa. ¡Deja de lamer mi cara! ¡Bájate chico!"

Silvia, riéndose, vio el reloj. "Oye, Max, él solo está tratando de levantarte. Es hora de desayunar y luego debemos comenzar a excavar".

"Vaya, no puedo creer que olvidé que hoy es el gran día. Con razón estabas tratando de despertarme, Chispa. Las bases están casi asentadas y la diversión está por comenzar. ¡A que llego a la tienda antes que tú, Silvia!"

¿Estás listo para unirte a Max y Silvia al comenzar excavando las verdades de Dios en Génesis 1? Esta semana comenzaremos viendo los detalles en el primer capítulo de Génesis para descubrir exactamente QUÉ sucedió en el principio y CÓMO ocurrió. Así que toma tus palas y gánale a Silvia, Max y Chispa en llegar al sitio de excavación.

23

24   SEGUNDA SEMANA

BUSCANDO PISTAS

"¡Hemos llegado!"

"Baja la voz, Silvia. El supervisor de área ha sacado los planos y no puedo escuchar todo lo que está diciendo".

"Muy bien todos, el mapa está listo. Clavemos los postes en la tierra y tracemos la cuadrícula". El supervisor de área justo estaba terminando sus instrucciones cuando el tío Jaime se acercó al sitio.

"Lamento que no hayas podido oír, Max. Aquí viene el tío Jaime. Le preguntaremos a él".

"Oye, tío Jaime", dijo Max, "¿qué quiso decir él con clavar los postes y trazar la cuadrícula?"

"Bueno Max, al principio de una excavación, tenemos que dibujar una cuadrícula sobre un mapa topográfico. Este es un mapa muy detallado que muestra un lugar o región tal cual es. Este mapa nos ayudará a decidir qué áreas queremos excavar primero (que significa desenterrar). Luego introducimos postes en las cuatro esquinas del área de la tierra que vamos a excavar y extendemos cordeles a cada poste para formar el contorno de un cuadrado. Después de eso, dividiremos el interior del gran cuadrado en cuadrados individuales más pequeños que miden alrededor de cinco metros por cinco metros utilizando el cordel y más postes. Cada cuadrado recibirá una letra y un número como este: A1, A2, etc. y cada cuadrado tendrá su propio supervisor, para mantener un registro diario del trabajo, los hallazgos y las observaciones de la excavación".

"Vaya, no sabía cuánto trabajo tenían que hacer antes de siquiera empezar a excavar, tío Jaime. ¿Crees que podremos excavar hoy?"

"Hoy no, pero no tardará mucho y valdrá la espera. Así que ¿están listos para comenzar?"

Guía de Instrucciones

26 El inicio de esta semana te muestra cómo los arqueólogos pueden marcar áreas para excavar en un cuadrilátero. Lee "Buscando Pistas" en las páginas 24 y 25.

Guía de Instrucciones

27 Repasa el significado de las palabras clave y pronombres en las páginas 25-27 y luego ve a la página 138 para comenzar la búsqueda en Génesis 1.

La Excavación Comienza

(Página 26)

MAPA DE PRONOMBRES

Los pronombres son palabras que toman el lugar de los sustantivos. Un sustantivo es una persona, lugar o cosa. Un pronombre representa a un sustantivo. Aquí hay un ejemplo: "Silvia y Max hicieron una carrera hacia el sitio de excavación. Ellos no pueden esperar para comenzar". La palabra *ellos* es un pronombre porque reemplaza los nombres de Silvia y Max en la segunda oración. Es otra palabra que usamos para referirnos a Silvia y a Max.

Mantén los ojos abiertos para estos otros pronombres:

Yo	tú	él	ella
me	mi	te	ti
mío		tuyo	

nosotros
nuestro   nos
ellos   los/las

MAPA DE SINÓNIMOS

Los sinónimos son palabras diferentes que significan lo mismo. Por ejemplo, *bote de vela*, *yate* y *bote de remos* son diferentes palabras, pero todas son nombres de clases de botes. Estas palabras son sinónimas.

La Excavación Comienza — 27

Ahora que sabes qué son las palabras clave, los pronombres y los sinónimos, ve a la página 138 de tu Registro de Observaciones de Génesis 1. Lee todo Génesis 1 y marca las siguientes palabras clave y frases clave. Además marca cualquier cosa que te diga cuándo sucedió algo con un reloj como este:

(28) Dios (dibuja un triángulo morado y coloréalo de amarillo. No olvides marcar los pronombres).

Y fue la tarde y fue la mañana: _____ día
(Enciérralo con verde y coloca un reloj sobre la referencia de tiempo como este: Esta es una frase clave).

Y así fue (subraya con doble línea naranja)

Según su especie (encierra con rojo)

Guía de Instrucciones

(28) Dale una tarjeta a cada niño para hacer un separador de palabras clave. Dile a cada uno que escriba las palabras clave que están enlistadas en la página 27 y que también indiquen cómo las marcarán. Esto es para que ellos vean las palabras clave mientras las marcan en sus Registros de Observaciones. Si estás enseñando una clase de escuela dominical o en un aula, escribe las palabras clave y cómo marcarlas en la pizarra.

Dios (dibuja un triángulo morado y coloréalo de amarillo. No te olvides de observar los pronombres).

Y fue la tarde y fue la mañana, _____ día (enciérralo de verde y coloca un reloj verde sobre las palabras que denoten tiempo)

Y así fue (subráyalo con doble línea de color naranja)

Según su especie (enciérralo de rojo)

Cuándo (dibuja un reloj verde sobre las palabras que denoten tiempo)

La Asombrosa Creación de Dios - Segunda Semana

Guía de Instrucciones

29 Lee Génesis 1 en voz alta mientras los estudiantes siguen la lectura. Si estás enseñando en un aula y tienes un proyector, proyecta tu Registro de Observaciones como una ayuda visual. Puedes hacer un cartel y colgarlo en una pared y hacer que tus estudiantes digan en voz alta cada palabra clave mientras leen y marcan juntos, tú marcas en la pizarra sobre la imagen proyectada o en una cartulina y ellos en sus libros. Si sabes manejar PowerPoint y tienes tiempo, puedes importar un Registro de Observaciones y luego seleccionar símbolos usando la paleta del programa o de algún otro lado, colorearlas, ubicarlas encima de las palabras e incluso animarlas, mostrarlas una a la vez.

Esto no solo demuestra a los niños cómo marcar las palabras clave; sino que también los involucra en encontrar las palabras clave al trabajar juntos.

(Página 138)

Registro de Observaciones

Génesis 1-5

Capítulo 1

1 En el principio Dios creó los cielos y la tierra.

2 La tierra estaba sin orden y vacía y las tinieblas cubrían la superficie del abismo y el Espíritu de Dios se movía sobre la superficie de las aguas.

3 Entonces dijo Dios: "Sea la luz." Y hubo luz.

4 Dios vio que la luz *era* buena; y Dios separó la luz de las tinieblas.

5 Y Dios llamó a la luz día y a las tinieblas llamó noche. Y fue la tarde y fue la mañana: un día.

6 Entonces dijo Dios: "Haya expansión (firmamento) en medio de las aguas y separe las aguas de las aguas."

7 Y Dios hizo la expansión (el firmamento) y separó las aguas que *estaban* debajo de la expansión de las aguas que *estaban* sobre la expansión. Y así fue.

8 Y Dios llamó a la expansión cielos. Y fue la tarde y fue la mañana: el segundo día.

Guía de Instrucciones

Registro de Observaciones 139

9 Entonces dijo Dios: "Júntense en un lugar las aguas *que están* debajo de los cielos y que aparezca lo seco." Y así fue.

10 Dios llamó a lo seco "tierra," y al conjunto de las aguas llamó "mares." Y Dios vio que *era* bueno.

11 Entonces dijo Dios: "Produzca la tierra vegetación: hierbas que den semilla, y árboles frutales que den su fruto con su semilla sobre la tierra según su especie." Y así fue.

12 Y produjo la tierra vegetación: hierbas que dan semilla según su especie y árboles que dan su fruto con semilla según su especie. Y Dios vio que *era* bueno.

13 Y fue la tarde y fue la mañana: el tercer día.

14 Entonces dijo Dios: "Haya lumbreras en la expansión de los cielos para separar el día de la noche y sean para señales y para estaciones y para días y *para* años;

15 y sean por luminarias en la expansión de los cielos para alumbrar sobre la tierra." Y así fue.

16 Dios hizo las dos grandes lumbreras, la lumbrera mayor para dominio del día y la lumbrera menor para dominio de la noche. *Hizo* también las estrellas.

17 Dios las puso en la expansión de los cielos para alumbrar sobre la tierra,

Guía de Instrucciones

> 140 REGISTRO DE OBSERVACIONES
>
> 18 y para dominar el día y la noche y para separar la luz de las tinieblas. Y Dios vio que *era* bueno.
>
> 19 Y fue la tarde y fue la mañana: el cuarto día.
>
> 20 Entonces dijo Dios: "Llénense las aguas de multitudes de seres vivientes y vuelen las aves sobre la tierra en la abierta expansión de los cielos."
>
> 21 Y Dios creó los grandes monstruos marinos y todo ser viviente que se mueve, de los cuales, según su especie, están llenas las aguas y toda ave según su especie. Y Dios vio que *era* bueno.
>
> 22 Dios los bendijo, diciendo: "Sean fecundos y multiplíquense y llenen las aguas en los mares y multiplíquense las aves en la tierra."
>
> 23 Y fue la tarde y fue la mañana: el quinto día.
>
> 24 Entonces dijo Dios: "Produzca la tierra seres vivientes según su especie; ganados, reptiles y animales de la tierra según su especie." Y así fue.
>
> 25 Dios hizo las bestias de la tierra según su especie y el ganado según su especie y todo lo que se arrastra sobre la tierra según su especie. Y Dios vio que *era* bueno.
>
> 26 Y dijo Dios (Padre, Hijo y Espíritu Santo): "Hagamos al hombre a Nuestra imagen, conforme a Nuestra semejanza; y ejerza dominio

Guía de Instrucciones

Registro de Observaciones — 141

sobre los peces del mar, sobre las aves del cielo, sobre los ganados, sobre toda la tierra y sobre todo reptil que se arrastra sobre la tierra."

27 Dios creó al hombre a imagen suya, a imagen de Dios lo creó; varón y hembra los creó.

28 Dios los bendijo y les dijo: "Sean fecundos y multiplíquense. Llenen la tierra y sométanla. Ejerzan dominio sobre los peces del mar, sobre las aves del cielo y sobre todo ser viviente que se mueve sobre la tierra."

29 También les dijo Dios: "Miren, Yo les he dado a ustedes toda planta que da semilla que hay en la superficie de toda la tierra y todo árbol que tiene fruto que da semilla; esto les servirá de alimento.

30 Y a todo animal de la tierra, a toda ave de los cielos y a todo lo que se mueve sobre la tierra y que tiene vida, *les he dado* toda planta verde para alimento." Y así fue.

31 Dios vio todo lo que había hecho; y era bueno en gran manera. Y fue la tarde y fue la mañana: el sexto día.

(Página 27)

¡Buen trabajo! Ahora vamos a la carpa comedor. Estamos hambrientos. Oye, ¿adivina qué? Antes de comer, el tío Jaime tiene algo que mostrarnos en otra tienda. Él quiere que veamos parte de una tableta de piedra que él desenterró en una excavación diferente. Echemos un vistazo.

Guía de Instrucciones

30 Ve a la página 28 y completa las letras que faltan en la tabla de piedra. El verso es Génesis 1:1. Cópialo en una tarjeta y memorízalo. Recita el verso para memorizar tres veces seguidas con un compañero. Mira quién puede decirlo de memoria primero.

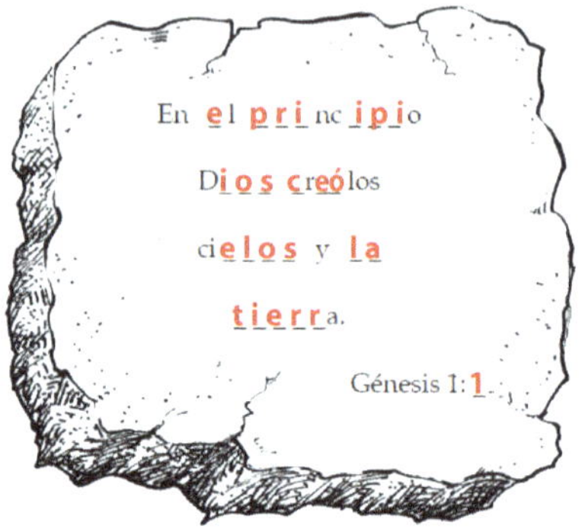

En el principio

Dios creó los

cielos y la

tierra.

Génesis 1: 1

28 Segunda Semana

¿No es eso genial? Pero no podemos leer todo el mensaje en la tableta. Algunas de las letras están desgastadas. ¿Puedes mirar las pistas debajo y averiguar el mensaje que alguna vez fue escrito en esta tableta de piedra? Vuelve a Génesis 1 y mira si reconoces este verso. Luego completa los espacios en blanco en la tableta a continuación y escribe este verso en tu tarjeta. Será tu verso para memorizar esta semana.

30

Ahora practica diciéndolo en voz alta, ¿cuántas veces seguidas? 3 ¿Y cuántas veces al día? 3 ¡Eso es! Vamos a comer y nos veremos de nuevo en el sitio de excavación mañana.

(Página 28)

ESTUDIANDO LA CUADRÍCULA

¡Uff! ¡Otro día caluroso! Ser un arqueólogo es un trabajo caluroso y sucio, pero también es genial investigar el pasado.

La Excavación Comienza   29

Una habilidad en la que los arqueólogos y sus equipos necesitan ser muy buenos es la habilidad de la observación. Ellos tienen que examinar muy atentamente todo lo que encuentran. ¡Ellos examinan incluso la tierra! Nosotros trabajamos en esta habilidad ayer al descifrar las palabras clave. Hoy veremos otra manera para desarrollar esta habilidad muy importante.

Cuando los arqueólogos estudian el sitio de excavación, ellos hacen preguntas. Aquellas preguntas les ayudan a pensar sobre cómo pudieron suceder las cosas. Necesitamos practicar esta habilidad de hacer preguntas al continuar examinando Génesis 1. Necesitamos aprender a formular las seis preguntas básicas. ¿Sabes cuáles son las seis preguntas básicas? Estas son preguntas de QUÉ, QUIÉN, CÓMO, CUÁNDO, DÓNDE y POR QUÉ, las cuales nos ayudan a desenterrar la verdad sobre lo que ocurrió en el pasado.

1. QUIÉN te ayuda a descubrir:
   ¿QUIÉN escribió esto?
   ¿A QUIÉN se le escribió?
   ¿Acerca de QUIÉNES leemos en esta sección de la Escritura?
   ¿QUIÉN dijo esto o hizo aquello?

2. QUÉ te ayuda a entender:
   ¿De QUÉ está hablando el autor?
   ¿CUÁLES son las principales cosas que suceden?

3. DÓNDE te ayuda a aprender:
   ¿DÓNDE ocurrió esto?
   ¿ADÓNDE fueron?
   ¿DÓNDE fue dicho esto?

   Cuando descubrimos un "dónde", subrayamos con doble línea verde el "dónde".

4. CUÁNDO nos dice sobre el tiempo y lo marcamos con un reloj verde como este:
   CUÁNDO hace preguntas como:
   ¿CUÁNDO ocurrió este evento? O ¿CUÁNDO sucederá?
   ¿CUÁNDO hicieron algo los principales personajes?

Guía de Instrucciones

Pide a Dios que te guíe a un claro entendimiento de Su mensaje en este día.

31 Ve a la página 28 y lee "Analizando el Área de Excavación". Realizarás una investigación usando el método inductivo para obtener respuestas de qué significan las cosas. Repasa las páginas 29-30 antes de responder las siguientes preguntas.

La Asombrosa Creación de Dios - Segunda Semana

Guía de Instrucciones

Lee Génesis 1:1-5 y responde las preguntas en las páginas 30-32.

SEGUNDA SEMANA

Nos ayuda a seguir el orden de los eventos, lo cual es muy importante para un arqueólogo.

5. POR QUÉ hace preguntas como:
   ¿POR QUÉ él dijo eso?
   ¿POR QUÉ ocurrió esto?
   ¿POR QUÉ ellos fueron ahí?

6. CÓMO te permite averiguar cosas como:
   ¿CÓMO se hizo esto?
   ¿CÓMO supo la gente que algo había sucedido?

Ahora que sabemos la importancia de hacer preguntas y pensar en las cosas, comencemos examinando el sitio. Ve a la página 138 de tu Registro de Observaciones de Génesis 1. Lee Génesis 1:1-5 y responde las preguntas a continuación.

(Página 138)

REGISTRO DE OBSERVACIONES

GÉNESIS 1-5

Capítulo 1

1 En el principio Dios creó los cielos y la tierra.

2 La tierra estaba sin orden y vacía y las tinieblas cubrían la superficie del abismo y el Espíritu de Dios se movía sobre la superficie de las aguas.

3 Entonces dijo Dios: "Sea la luz." Y hubo luz.

4 Dios vio que la luz *era* buena; y Dios separó la luz de las tinieblas.

5 Y Dios llamó a la luz día y a las tinieblas llamó noche. Y fue la tarde y fue la mañana: un día.

33 Primer Día

> Génesis 1:1 ¿QUIÉN creó los cielos y la tierra? (Página 30)
> **Dios**
>
> Génesis 1:1 ¿CUÁNDO fueron creados? (¿Pusiste un reloj sobre esto?)
> **En el principio**
>
> Génesis 1:2 ¿CÓMO fue descrita la tierra en el principio?
> **Sin orden y vacía**
>
> Génesis 1:2 ¿QUÉ cubría la superficie del abismo?
> **Tinieblas**
>
> Génesis 1:2 ¿QUÉ estaba haciendo el Espíritu de Dios sobre la superficie de las aguas?
> **Se movía sobre la superficie de las aguas**

> Génesis 1:3 ¿CÓMO ingresó la luz al mundo?
> **Dios dijo: "Sea la luz".**
>
> Génesis 1:4 ¿QUÉ vio Dios?
> **Que la luz era buena**
>
> Génesis 1:4 ¿QUÉ hizo Dios con la luz?
> **La separó de las tinieblas.**
>
> Génesis 1:5 ¿QUÉ llamó Dios?
> a. **Él llamó a la luz "día".**
> b. **A las tinieblas llamó "noche".**
>
> Génesis 1:5 ¿CUÁNTO tiempo duró esto? ¿QUÉ frase clave marcaste en este verso?
> **"Y fue la tarde y fue la mañana: un día".**

Guía de Instrucciones

Génesis 1:1 ¿QUIÉN creó los cielos y la tierra?
Dios

Génesis 1:1 ¿CUÁNDO fueron creados?
En el principio

Génesis 1:2 ¿CÓMO se describe a la tierra en el principio?
Sin orden y vacía

Génesis 1:2 ¿QUÉ estaba sobre la superficie del abismo?
Tinieblas

Génesis 1:2 ¿QUÉ estaba haciendo el Espíritu de Dios sobre la superficie de las aguas?
Se movía sobre la superficie de las aguas.

Génesis 1:3 ¿CÓMO entró la luz al mundo?
Dios dijo: "Sea la luz".

Génesis 1:4 ¿QUÉ vio Dios?
Que la luz era buena

Génesis 1:4 ¿QUÉ hizo Dios con la luz?
La separó de las tinieblas.

Génesis 1:5 ¿A QUÉ dio nombre Dios?
Él llamó a la luz "día". A las tinieblas llamó "noche".

Génesis 1:5 ¿CUÁNTO tiempo llevó esto? Un día
¿QUÉ frase clave marcaste en este verso?
"Y fue la tarde y fue la mañana: un día".

Guía de Instrucciones

32 VE A LA PÁGINA 44 y registra qué creó e hizo Dios en el *Primer Día* de tu Diario de los Días de la Creación.

Cielos y tierra

Separó luz de las tinieblas

Llamó día a la luz

Llamó noche a las tinieblas

33 En la página 138, traza una línea a lo ancho de la página debajo del verso 5. Escribe PRIMER DÍA en el margen a lado del verso 5 (mira la Guía del Maestro página 50).

(Página 31)

Ahora ve a la página 44 y mantén un registro de tu trabajo de excavación, haciendo una lista de tus hallazgos y observaciones sobre los Días de Creación en tu diario. Haz una lista de QUÉ creó Dios en el Primer Día. Luego en tu Registro de Observaciones de la página 138 escribe "Primer Día" junto a Génesis 1:1-5. Si tienes una *Biblia de Estudio Inductivo*, querrás hacer esto justo en el margen de tu biblia en lugar de tu Registro de Observaciones.

44 Segunda Semana

Registro Diario de los Días de la Creación

32	Primer Día Cielos y tierra Separó luz de las tinieblas Llamó día a la luz Llamó noche a las tinieblas	Cuarto Día Lumbreras en la expansión: Sol, luna y estrellas	42
34	Segundo Día Expansión, Cielo	Quinto Día Criaturas vivientes en los mares Aves en los cielos	47
40	Tercer Día Aguas - mares Seco - Tierra Vegetación, plantas y árboles frutales	Sexto Día Criaturas vivientes en la tierra Bestias de la tierra Ganado	
	Séptimo Día Creación completa Descansó Bendijo el séptimo día Santificó el séptimo día		

La Excavación Comienza

Página del estudiante

(Página 31)

Ahora lee Génesis 1:6-8 y haz las seis preguntas básicas.

---

6 Entonces dijo Dios: "Haya expansión (firmamento) en medio de las aguas y separe las aguas de las aguas." (Página 138)

7 Dios hizo la expansión (el firmamento) y separó las aguas que *estaban* debajo de la expansión de las aguas que *estaban* sobre la expansión. Y así fue.

35

8 Y Dios llamó a la expansión cielos. Y fue la tarde y fue la mañana: el segundo día.

Segundo Día

(Página 31)

Génesis 1:6 ¿QUÉ trajo Dios a existencia luego?
Una expansión en medio de las aguas.

---

32 SEGUNDA SEMANA

Génesis 1:6-7 ¿CÓMO lo trajo a existencia?
Él solo habló: "Dios dijo: haya…" y Dios la hizo (v. 7).

Génesis 1:6-7 ¿QUÉ separó la expansión?
Las aguas de las aguas; las aguas que estaban debajo de la expansión de las aguas sobre la expansión.

Génesis 1:8 ¿CÓMO llamó Dios a la expansión?

Cielos

Génesis 1:8 ¿CUÁNTO tiempo duró esto? ¿QUÉ frase clave marcaste en este verso?

"Y fue la tarde y fue la mañana: el segundo día".

Ahora ve a la página 44 y escribe lo que descubriste en el Segundo Día haciendo una lista de qué creó Dios en tu diario. Luego en tu Registro de Observaciones escribe "Segundo Día" junto a Génesis 1:6-8.

¡Hiciste un buen trabajo examinando la evidencia de hoy! Antes de que vayas a las duchas, no olvides practicar tu verso para memorizar.

Guía de Instrucciones

Ahora lee Génesis 1:6-8 y usa las seis preguntas básicas.

Génesis 1:6 ¿QUÉ trajo Dios a existencia después? Una expansión en medio de las aguas.

Génesis 1:6-7 ¿CÓMO la hizo? Él solo habló: "Dios dijo: haya…" y Dios la hizo (v. 7).

Génesis 1:6-7 ¿QUÉ separó la expansión? Las aguas de las aguas; las aguas que estaban debajo de la expansión de las aguas sobre la expansión.

Génesis 1:8 ¿CÓMO llamó Dios a la expansión? Cielos

Génesis 1:8 ¿CUÁNTO tardó esto? Un día: "Y fue la tarde y fue la mañana: el segundo día".

34 VE A LA PÁGINA 44 y registra lo que Dios creó en el cuadro para el *Segundo Día* (Guía del Maestro página 52).

Expansión, cielos

35 En la página 138, traza una línea a lo largo de la página debajo del verso 8. Escribe SEGUNDO DÍA en el margen junto al verso 8.

Guía de Instrucciones

Enfoca tu mirada en Dios y observa Su rostro en Su creación. Pídele que Él te dé un claro entendimiento de Su asombroso poder.

36 Ve a la página 32 y lee "Distribuyendo Tareas".

37 Ve al Registro de Observaciones en las páginas 138-139 y lee Génesis 1:9-19.

(Página 32)

36 DISTRIBUYENDO TAREAS

"Chispa, ¿dónde estás muchacho?" Gritó Max. "¡Chispa! ¡Chispa! ¡Regresa aquí!" Max continuó gritando el nombre de Chispa mientras Chispa se deslizó para detenerse justo enfrente de ti, nuestro novato arqueólogo en entrenamiento. Chispa ignoró a Max mientras saltaba para darte una buena lamida en la cara. "¡Basta, Chispa! Bájate,

La Excavación Comienza   33

chico", dijo Max cuando por fin alcanzó a Chispa y lo tomó entre sus brazos.

Como podrás darte cuenta, Chispa está emocionado de que hayas regresado al sitio de excavación una vez más. El tío Jaime acaba de entregarnos nuestra tarea. Vamos a continuar examinando la evidencia en Génesis 1 hoy, haciendo las seis preguntas básicas y luego encontraremos las respuestas en una sopa de letras. Así que, arqueólogo novato, ¿has pasado tiempo con el "Jefe de Excavación" en esta mañana? ¡Qué bueno! Entonces empecemos yendo a nuestro Registro de Observaciones en las páginas 138-139 y leyendo Génesis 1:9-19.

REGISTRO DE OBSERVACIONES   139

37 9 Entonces dijo Dios: "Júntense en un lugar las aguas *que están* debajo de los cielos y que aparezca lo seco." Y así fue.

10 Dios llamó a lo seco "tierra," y al conjunto de las aguas llamó "mares." Y Dios vio que *era* bueno.

11 Entonces dijo Dios: "Produzca la tierra vegetación: hierbas que den semilla, y árboles frutales que den su fruto con su semilla sobre la tierra según su especie." Y así fue.

12 Y produjo la tierra vegetación: hierbas que dan semilla según su especie y árboles que dan su fruto con semilla, según su especie. Y Dios vio que *era* bueno.

La Excavación Comienza 55

Guía de Instrucciones

38 Responde las preguntas en las páginas 33-35.

Génesis 1:9 ¿QUÉ hizo Dios luego?

a. juntó las aguas en un lugar

b. hizo aparecer lo seco

Génesis 1:10 ¿CÓMO llamó Dios a lo seco? Tierra

Génesis 1:10 ¿CÓMO llamó Dios al conjunto de las aguas? Mares

Génesis 1:10 ¿QUÉ vio Dios? Que era bueno.

Génesis 1:11-12 ¿QUÉ le dijo Dios a la tierra que produjera? Vegetación, hierbas, árboles frutales.

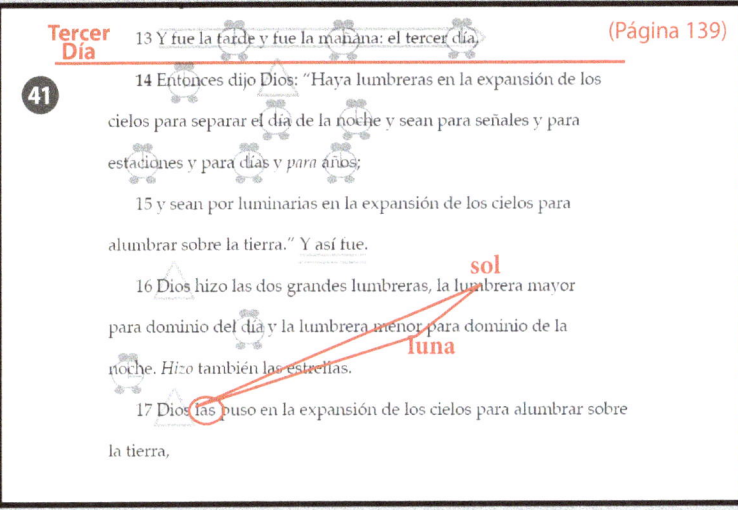

41 — Tercer Día

13 Y fue la tarde y fue la mañana: el tercer día. (Página 139)

14 Entonces dijo Dios: "Haya lumbreras en la expansión de los cielos para separar el día de la noche y sean para señales y para estaciones y para días y *para* años;

15 y sean por luminarias en la expansión de los cielos para alumbrar sobre la tierra." Y así fue.

16 Dios hizo las dos grandes lumbreras, la lumbrera mayor [sol] para dominio del día y la lumbrera menor para dominio de la noche. *Hizo* también las estrellas. [luna]

17 Dios las puso en la expansión de los cielos para alumbrar sobre la tierra,

---

43 — Cuarto Día

140 REGISTRO DE OBSERVACIONES

18 y para dominar el día y la noche y para separar la luz de las tinieblas. Y Dios vio que *era* bueno.

19 Y fue la tarde y fue la mañana: el cuarto día.

38

(Página 33)

Ahora examina los hechos e interroga el texto.

Génesis 1:9 ¿QUÉ hizo Dios luego?

a. __Juntó__ en un lugar las __Aguas__ que están debajo de los cielos.

b. Que aparezca lo __Seco__

Génesis 1:10 ¿CÓMO llamó Dios a lo seco?

__Tierra__

Génesis 1:10 ¿CÓMO llamó Dios al conjunto de las aguas?

__Mares__

Génesis 1:10 ¿QUÉ vio Dios?

__Que era bueno__

Génesis 1:11-12 ¿QUÉ le dijo Dios a la tierra que produjera?

__Vegetación__, __hierbas__, __árboles futales__

Guía de Instrucciones

Génesis 1:12 ¿CÓMO debían producir fruto y semilla? Según su especie.

Génesis 1:12 ¿QUÉ vio Dios? Que era bueno.

Génesis 1:13 ¿CUÁNTO tardó esto? ¿QUÉ frase clave marcaste en este verso? Un día: "Y fue la tarde y fue la mañana: el tercer día".

Génesis 1:14 ¿QUÉ dijo Dios luego? "Haya lumbreras en la expansión de los cielos".

Génesis 1:14-15 Dios da seis razones para las lumbreras. Escríbelas en una lista:

a. para separar el día de la noche

b. sean para señales

c. sean para estaciones

d. sean para días

e. sean para años

f. sean por luminarias en la expansión de los cielos para alumbrar sobre la tierra

Génesis 1:16 ¿CUÁNTAS grandes lumbreras hizo Dios? ¿CUÁLES son? Dos grandes lumbreras

a. la lumbrera mayor para dominio del día. ¿CUÁL es la gran lumbrera que gobierna el día? El sol.

b. la lumbrera menor para dominio de la noche. ¿QUÉ lumbrera gobierna la noche? La luna.

Guía de Instrucciones

¿QUÉ otras lumbreras hizo Dios? Las estrellas.

Génesis 1:18 ¿QUÉ vio Dios? Que era bueno

Génesis 1:19 ¿CUÁNTO tiempo tardó esto? ¿QUÉ frase clave marcaste en este verso? Un día. "Y fue la tarde y fue la mañana: el cuarto día".

39 Usa las respuestas de cada espacio en blanco para encontrar las palabras en la sopa de letras. Encierra cada una.

40 VE A LA PÁGINA 44 y registra lo que Dios creó en los Días de Creación en el diario (Guía del Maestro página 52).

Tercer Día

Aguas se juntaron en un lugar

Aguas-mares

Seco-tierra

Vegetación, hierbas y árboles frutales

41 En la página 139, traza una línea a lo largo de la página debajo del verso 13. Escribe TERCER DÍA en el margen junto al verso 13 (Guía del Maestro página 55).

42 VE A LA PÁGINA 44 y registra lo que Dios creó (Guía del Maestro página 52).

Cuarto Día

Lumbreras en la expansión: sol, luna y estrellas.

43 En la página 139, traza una línea a lo largo de la hoja debajo del verso 19. Escribe CUARTO DÍA en el margen junto al verso 19 (Guía del Maestro página 55).

Guía de Instrucciones

44 Ve a la página 36 y lee "Más Descubrimientos".

Pide a Dios que te dirija a un claro entendimiento de Su Palabra.

Guía de Instrucciones

(45) Ve al Registro de Observaciones en las páginas 140-141 y lee Génesis 1:20-31.

---

(45) 20 Entonces dijo Dios: "Llénense las aguas de multitudes de seres vivientes y vuelen las aves sobre la tierra en la abierta expansión de los cielos." (Página 140)

21 Y Dios creó los grandes monstruos marinos y todo ser viviente que se mueve, de los cuales, según su especie, están llenas las aguas y toda ave según su especie. Y Dios vio que *era* bueno.

22 Dios los bendijo, diciendo: "Sean fecundos y multiplíquense y llenen las aguas en los mares y multiplíquense las aves en la tierra."

(48) **Quinto Día** 23 Y fue la tarde y fue la mañana: el quinto día.

24 Entonces dijo Dios: "Produzca la tierra seres vivientes según su especie: ganados, reptiles y animales de la tierra según su especie." Y así fue.

25 Dios hizo las bestias de la tierra según su especie y el ganado según su especie y todo lo que se arrastra sobre la tierra según su especie. Y Dios vio que *era* bueno.

26 Y dijo Dios (Padre, Hijo y Espíritu Santo): "Hagamos al hombre a Nuestra imagen, conforme a Nuestra semejanza; y ejerza dominio

---

REGISTRO DE OBSERVACIONES 141

sobre los peces del mar, sobre las aves del cielo, sobre los ganados, sobre toda la tierra y sobre todo reptil que se arrastra sobre la tierra."

27 Dios creó al hombre a imagen Suya, a imagen de Dios lo creó; varón y hembra los creó.

28 Dios los bendijo y les dijo: "Sean fecundos y multiplíquense. Llenen la tierra y sométanla. Ejerzan dominio sobre los peces del mar, sobre las aves del cielo y sobre todo ser viviente que se mueve sobre la tierra."

Guía de Instrucciones

46 Ve a la página 37 y responde las preguntas sobre Génesis 1:20-31.

Génesis 1:20-21 ¿QUÉ creó Dios luego?

a. seres vivientes en las aguas

b. aves que vuelan sobre la tierra

Génesis 1:21 ¿CÓMO fueron creadas? Según su especie.

Génesis 1:21 ¿QUÉ vio Dios? Que era bueno.

Génesis 1:22 ¿QUÉ les hizo Dios? Dios los bendijo.

Génesis 1:22 ¿QUÉ les ordenó Dios? "Sean fecundos y multiplíquense y llenen las aguas en los mares y multiplíquense las aves en la tierra".

Génesis 1:23 ¿CUÁNTO tardo esto? ¿QUÉ frase clave marcaste en este verso? Un día: "Y fue la tarde y fue la mañana: el quinto día".

La Excavación Comienza

38 — SEGUNDA SEMANA

Génesis 1:24-25 ¿QUÉ creó Dios luego?
Seres vivientes de la tierra

Génesis 1:24-25 ¿CÓMO los hizo Dios?

Según **su** **especie**

Génesis 1:25 ¿QUÉ vio Dios?
que era bueno

Génesis 1:26 ¿QUÉ creó Dios luego?
al hombre

Génesis 1:26-27 ¿CÓMO hizo Dios al hombre?
verso 26:

a. **a imagen suya**

verso 27: b. h**ombre** y m**ujer**

Génesis 1:26 ¿QUÉ debía hacer el hombre?
ejercer dominio sobre toda la tierra

Génesis 1:28 ¿QUÉ les hace Dios?

Dios los **bendijo**.

Génesis 1:28 ¿QUÉ les dijo Dios?

a. Sean **fecundos** y **multiplíquense**.

b. Ll**enen** la **tierra**.

c. S**ométanla**.

d. Ejerzan **dominio** sobre los peces del mar, sobre las aves del cielo y sobre todo ser viviente que se mueve sobre la tierra.

Guía de Instrucciones

Génesis 1:24-25 ¿QUÉ creó Dios luego? Seres vivientes de la tierra.

Génesis 1:24-25 ¿CÓMO los hizo Dios? Según su especie.

Génesis 1:25 ¿QUÉ vio Dios? Que era bueno.

Génesis 1:26 ¿QUÉ creó Dios luego? Al hombre

Génesis 1:26-27 ¿CÓMO creó Dios al hombre? A imagen Suya (verso 26) varón y hembra (verso 27).

Génesis 1:26 ¿QUÉ debía hacer el hombre? Ejercer dominio sobre toda la tierra.

Génesis 1:28 ¿QUÉ les hizo Dios? Dios los bendijo.

Génesis 1:28 ¿QUÉ les dijo Dios? "Sean fecundos y multiplíquense. Llenen la tierra y sométanla. Ejerzan dominio sobre los peces del mar, sobre las aves del cielo y sobre todo ser viviente que se mueve sobre la tierra".

Guía de Instrucciones

Génesis 1:29 ¿QUÉ les dio Dios? <u>Toda planta y árbol para comer.</u>

Génesis 1:31 ¿QUÉ vio Dios? <u>Que era bueno en gran manera.</u>

Génesis 1:31 ¿CUÁNTO tardó esto? ¿QUÉ frase clave marcaste en este verso? <u>Un día: "Y fue la tarde y fue la mañana: el sexto día".</u>

LEE GÉNESIS 2:1-3 en voz alta usando tu ayuda visual del Registro de Observaciones mientras los estudiantes mencionan cada vez que aparece una palabra clave. Luego márquenlas juntos como lo indicamos en la página 44 (Guía del Maestro página 52).

Dios (dibuja un triángulo morado y coloréalo de amarillo. No olvides marcar los pronombres).

CUÁNDO (dibuja un reloj verde sobre las palabras que denoten tiempo).

Génesis 1:21 ¿QUÉ dice este verso sobre los cielos y la tierra? <u>Fueron completados.</u>

Génesis 2:2-3 ¿QUÉ hizo Dios en el séptimo día?

a. <u>reposó</u>

b. <u>bendijo el séptimo día</u>

c. <u>santificó el séptimo día</u>

Guía de Instrucciones

 47 VE A LA PÁGINA 44 y registra estos hallazgos en los Días de Creación en el diario. (Guía del Maestro página 52).

Quinto Día

Seres vivos en las aguas
Aves en el cielo

Sexto Día

Seres vivos en la tierra
Bestias de la tierra
Ganado
Todo lo que se arrastra

Séptimo Día

Creación es terminada
Reposa
Bendice el séptimo día
Santifica el séptimo día

48 En la página 140, traza una línea a lo largo de la página debajo del verso 23. Escribe QUINTO DÍA en el margen junto al verso 23 (Guía del Maestro página 59).

49 En la página 141, traza una línea a lo largo de la página debajo del verso 31. Escribe SEXTO DÍA en el margen a lado del verso 31 (Guía del Maestro página 60).

50 En la página 141, traza una línea a lo largo de la página debajo de Génesis 2:3. Escribe SÉPTIMO DÍA en el margen junto al verso 3 (Guía del Maestro página 62).

51 Discute para responder las últimas tres preguntas. Luego lee la página 40.

SEGUNDA SEMANA — página 40

51
- ¿Creó Dios el mundo y las cosas en él de manera lógica? ___ Sí ___ No

- ¿Hay orden en la Creación de Dios? ___ Sí ___ No

¿No es asombroso ver que Dios es un Dios de lógica y orden? Dios no creó al hombre hasta que Él preparó la tierra para que el hombre viviera en ella. Las plantas no pueden crecer sin luz y agua, así que Dios no creó las plantas hasta después que Él hubo creado la luz y el agua. Los seres vivos, bestias y el hombre no fueron creados hasta que hubo un lugar para que ellos vivieran y hubiera alimento para que comieran. La Creación de Dios nos muestra a Dios como el Planeador Maestro y Diseñador que Él es. Él no es solo un Dios de amor y compasión, sino que Él es también un Dios de lógica y orden. Así que mientras te diriges de vuelta a la tienda, ¿por qué no le das gracias a Dios por esta asombrosa Creación que Él creó según Su plan perfecto?

Guía de Instrucciones

Estás terminando una semana muy atareada. Pide a Dios que te dé un mensaje especial hoy.

52 Ve a la página 40 y lee "Vamos a Excavar".

52

(Página 40)

VAMOS A EXCAVAR

"Max, date prisa. Ya casi es tiempo de irnos".

"Oh, Silvia, apenas hay luz afuera". Tenemos un rato antes que la excavación comience".

"Lo sé, Max, pero después de todo lo que vimos sobre Dios y Su creación, pensé que sería genial tener nuestro tiempo devocional y de oración afuera, mientras vemos el amanecer".

"Lo sé, Silvia. Es bastante asombroso. Oh cielos, aquí viene el tío Jaime ahora".

Cuando Jaime se acercó a los chicos, ellos tuvieron que alzar la mirada para ver el rostro de su alto tío. "Hola chicos, ¿están listos?

La Excavación Comienza   41

Hoy es el gran día. No más espera. La excavación está por comenzar. Y ya que ambos han trabajado tan duro, el equipo ha decidido que ustedes deberían excavar en el primer cuadrado".

"¡Qué bien! Max, ¿escuchaste eso?"

"Claro que sí. ¡Hagamos una carrera! Vamos, Chispa".

Mientras Silvia y Max corrían al sitio, ellos vieron al equipo reunirse. El tío Jaime se dirigió en medio del equipo y se quedó allí como un entrenador de básquet con su equipo.

"Oremos primero y pidamos a Dios que bendiga nuestros esfuerzos y nos mantenga a salvo".

Cuando el tío Jaime terminó de orar, él se volvió a Max. "Max, toma las palas y estaremos listos para empezar". Cuando Max regresó con las palas, el tío Jaime terminó de dar sus instrucciones. "Bien, muchachos, al excavar la primera capa de tierra, necesitamos poner la tierra en un balde. Luego vaciaremos los baldes de tierra en una carretilla y la echaremos en un lugar especial para poder examinarla después. Ahora ¡comencemos a excavar! Y recuerden: tengan cuidado con esas palas".

Ahora es tu turno de ayudar a Silvia y Max. Cuando estudiaste los días de la Creación, ¿notaste que la Creación de Dios no sucedió por sí sola? Hubo acción de parte de Dios en cada parte de la Creación. Así que mientras comienza nuestra excavación, queremos que excaves los cuadrados que hemos marcado en nuestra cuadrícula para encontrar los verbos que muestran que nuestro Dios es un Dios de acción. ¿Sabes qué es un verbo? Revisa el mapa sobre los verbos a continuación.

La Excavación Comienza 65

Guía de Instrucciones

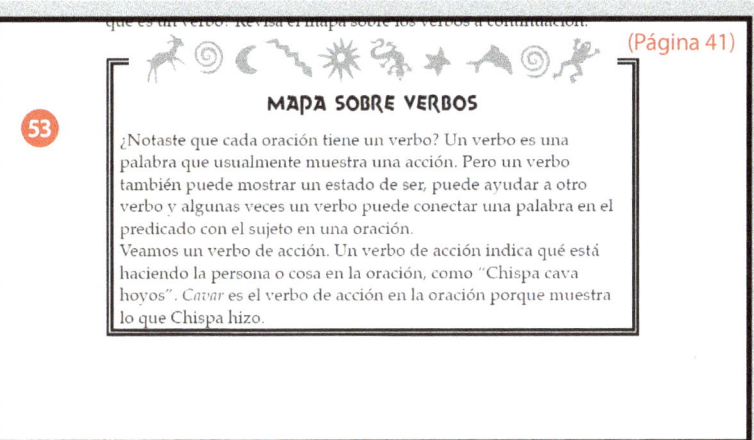

(Página 41)

MAPA SOBRE VERBOS

¿Notaste que cada oración tiene un verbo? Un verbo es una palabra que usualmente muestra una acción. Pero un verbo también puede mostrar un estado de ser, puede ayudar a otro verbo y algunas veces un verbo puede conectar una palabra en el predicado con el sujeto en una oración.
Veamos un verbo de acción. Un verbo de acción indica qué está haciendo la persona o cosa en la oración, como "Chispa cava hoyos". *Cavar* es el verbo de acción en la oración porque muestra lo que Chispa hizo.

53 Lee el "Mapa sobre Verbos" en la página 41 y al inicio de la página 42.

54 Completa los verbos en las páginas 42-43.

1. Dios c r e ó

2. Dios s e m o v í a

3. Dios d i j o

4. Dios v i o

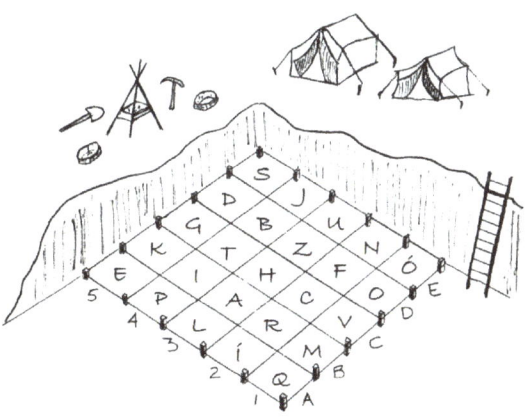

42 SEGUNDA SEMANA

Ahora hagamos un poco de excavación por nuestra cuenta, al descubrir los 12 verbos de acción de nuestro Dios, revisando la cuadrícula a continuación. Para desenterrar los verbos, usa una pareja de letra y número debajo de cada espacio en blanco. Ve a la cuadrícula y encuentra la letra, como A en el lado derecho de la cuadrícula y luego ve hacia arriba hasta que encuentres el número que va junto con la A, como el 4. Encuentra la letra en el cuadrado que corresponde a A4 y escríbela en el espacio en blanco. Haz lo mismo para cada espacio en blanco hasta que hayas encontrado todos los 12 verbos de acción. Hemos hecho el primero para ti.

1. Dios **c r e ó**
   C2 B2 A5 E1
2. Dios **s e   m o v í a**
   E5 A5   B1 D1 C1 A2 B3
3. Dios **d i j o**
   D5 B4 E4 D1
4. Dios **v i o**
   C1 B4 D1

Guía de Instrucciones

5. Dios **s e p a r ó**

6. Dios **l l a m ó**

7. Dios **h i z o**

8. Dios **l a s   p u s o**

9. Dios **b e n d i j o**

10. Dios **h a b í a   c o m p l e t a d o**

11. Dios **r e p o s ó**

12. Dios **s a n t i f i c ó**

La Excavación Comienza   43

5. Dios **s e p a r ó**
   E5 A5 A4 B3 B2 E1
6. Dios **l l a m ó**
   A3 A3 B3 B1 E1
7. Dios **h i z o**
   C3 B4 D3 D1
8. Dios **l a s   p u s o**
   A3 B3 E5   A4 E3 E5 D1
9. Dios **b e n d i j o**
   D4 A5 E2 D5 B4 E4 D1
10. Dios **h a b í a   c o m p l e t a d o**
    C3 B3 D4 A2 B3   C2 D1 B1 A4 A3 A5 C4 B3 D5 D1
11. Dios **r e p o s ó**
    B2 A5 A4 D1 E5 E1
12. Dios **s a n t i f i c ó**
    E5 B3 E2 C4 B4 D2 B4 C2 E1

Una vez que hayas excavado los cuadrados, vuelve a tu Registro de Observaciones en las páginas 138-141 sobre Génesis 1:1-2:3 y marca estos 12 verbos de acción de manera especial en tu cuaderno de trabajo coloreándolos, encerrándolos o subrayándolos. Solo asegúrate de marcar cada verbo de manera diferente o con un color distinto para que resalte en tu Registro de Observaciones.

La siguiente semana examinaremos más de cerca estos verbos que muestran lo que Dios hizo en cada día de la Creación. Ahora siéntate y tómate una bebida helada. Esa fue una excavación bastante dura que hiciste hoy, pero antes que te pongas muy cómodo, encuentra a un adulto o a un amigo y dile tu verso para memorizar. ¡Qué buena manera de mostrarle a otras personas quién creó los cielos y la tierra!

La Excavación Comienza

> REGISTRO DE OBSERVACIONES
>
> GÉNESIS 1-5
>
> Capítulo 1
>
> 1 En el principio Dios creó los cielos y la tierra.
>
> 2 La tierra estaba sin orden y vacía y las tinieblas cubrían la superficie del abismo y el Espíritu de Dios se movía sobre la superficie de las aguas.
>
> 3 Entonces dijo Dios: "Sea la luz." Y hubo luz.
>
> 4 Dios vio que la luz *era* buena; y Dios separó la luz de las tinieblas.
>
> 5 Y Dios llamó a la luz día y a las tinieblas llamó noche. Y fue la tarde y fue la mañana: un día.
>
> 6 Entonces dijo Dios: "Haya expansión (firmamento) en medio de las aguas y separe las aguas de las aguas."
>
> 7 Dios hizo la expansión (el firmamento) y separó las aguas que *estaban* debajo de la expansión de las aguas que *estaban* sobre la expansión. Y así fue.
>
> 8 Y Dios llamó a la expansión cielos. Y fue la tarde y fue la mañana: el segundo día.
>
> 138

Guía de Instrucciones

Antes de terminar esta lección, ve al Registro de Observaciones en las páginas 138-141. Vuelve a leer Génesis 1:1-2:3 y marca cada verbo de manera distintiva. *Colorea, encierra* o *subraya* los verbos como gustes. Aquí hay una lista de los verbos:

1. creó

2. se movía

3. dijo

4. vio

5. separó

6. llamó

7. hizo

8. puso

9. bendijo

10. completó

11. reposó

12. santificó

Has trabajado muy duro en esta semana. Dios te ha observado con mucho agrado.

Si eres un maestro de aula querrás tomarles el verso para memorizar como lección a tus estudiantes. Además hay una lección de la Segunda Semana en la página 177 para evaluar la memorización y comprensión.

Querrás hacer un juego como Sacar un Chocolate en la página 186 para repasar todo lo que los niños han aprendido.

Guía de Instrucciones

> REGISTRO DE OBSERVACIONES 139
>
> 9 Entonces dijo Dios: "Júntense en un lugar las aguas *que están* debajo de los cielos y que aparezca lo seco." Y así fue.
>
> 10 Dios llamó a lo seco "tierra," y al conjunto de las aguas llamó "mares." Y Dios vio que *era* bueno.
>
> 11 Entonces dijo Dios: "Produzca la tierra vegetación: hierbas que den semilla, y árboles frutales que den su fruto con su semilla sobre la tierra según su especie." Y así fue.
>
> 12 Y produjo la tierra vegetación: hierbas que dan semilla según su especie y árboles que dan su fruto con semilla, según su especie. Y Dios vio que *era* bueno.
>
> 13 Y fue la tarde y fue la mañana: el tercer día.
>
> 14 Entonces dijo Dios: "Haya lumbreras en la expansión de los cielos para separar el día de la noche y sean para señales y para estaciones y para días y para años;
>
> 15 y sean por luminarias en la expansión de los cielos para alumbrar sobre la tierra." Y así fue.
>
> 16 Dios hizo las dos grandes lumbreras, la lumbrera mayor para dominio del día y la lumbrera menor para dominio de la noche. *Hizo* también las estrellas.
>
> 17 Dios las puso en la expansión de los cielos para alumbrar sobre la tierra,

Guía de Instrucciones

> 140 REGISTRO DE OBSERVACIONES
>
> 18 y para dominar el día y la noche y para separar la luz de las tinieblas. Y Dios vio que *era* bueno.
>
> 19 Y fue la tarde y fue la mañana: el cuarto día.
>
> 20 Entonces dijo Dios: "Llénense las aguas de multitudes de seres vivientes y vuelen las aves sobre la tierra en la abierta expansión de los cielos."
>
> 21 Y Dios creó los grandes monstruos marinos y todo ser viviente que se mueve, de los cuales, según su especie, están llenas las aguas y toda ave según su especie. Y Dios vio que *era* bueno.
>
> 22 Dios los bendijo, diciendo: "Sean fecundos y multiplíquense y llenen las aguas en los mares y multiplíquense las aves en la tierra."
>
> 23 Y fue la tarde y fue la mañana: el quinto día.
>
> 24 Entonces dijo Dios: "Produzca la tierra seres vivientes según su especie: ganados, reptiles y animales de la tierra según su especie." Y así fue.
>
> 25 Dios hizo las bestias de la tierra según su especie y el ganado según su especie y todo lo que se arrastra sobre la tierra según su especie. Y Dios vio que *era* bueno.
>
> 26 Y dijo Dios (Padre, Hijo y Espíritu Santo): "Hagamos al hombre a Nuestra imagen, conforme a Nuestra semejanza; y ejerza dominio

Guía de Instrucciones

REGISTRO DE OBSERVACIONES 141

sobre los peces del mar, sobre las aves del cielo, sobre los ganados, sobre toda la tierra y sobre todo reptil que se arrastra sobre la tierra."

27 Dios creó al hombre a imagen Suya, a imagen de Dios lo creó; varón y hembra los creó.

28 Dios los bendijo y les dijo: "Sean fecundos y multiplíquense. Llenen la tierra y sométanla. Ejerzan dominio sobre los peces del mar, sobre las aves del cielo y sobre todo ser viviente que se mueve sobre la tierra."

29 También les dijo Dios: "Miren, Yo les he dado a ustedes toda planta que da semilla que hay en la superficie de toda la tierra y todo árbol que tiene fruto que da semilla; esto les servirá de alimento.

30 Y a todo animal de la tierra, a toda ave de los cielos y a todo lo que se mueve sobre la tierra y que tiene vida, *les he dado* toda planta verde para alimento." Y así fue.

31 Dios vio todo lo que había hecho; y era bueno en gran manera. Y fue la tarde y fue la mañana: el sexto día.

Capítulo 2

1 Así fueron acabados los cielos y la tierra y todas sus huestes (todo lo que en ellos hay).

---

142 REGISTRO DE OBSERVACIONES

2 En el séptimo día ya Dios había completado la obra que había estado haciendo y reposó en el día séptimo de toda la obra que había hecho.

3 Dios bendijo el séptimo día y lo santificó, porque en él reposó de toda la obra que Él había creado y hecho.

Guía de Instrucciones

TERCERA SEMANA

¡Tienes otra semana llena de emocionantes noticias sobre Dios justo delante de ti! Pídele que te dirija a un claro entendimiento al profundizar más en Su Palabra.

🔴 Ve a la página 45 y lee "Un Pequeño Hallazgo".

3
PALAS, PICOS Y CEPILLOS

GÉNESIS 1

"Oye, Silvia, mira aquí en la A4".

"¿De qué se trata, Max? ¿Qué ves?"

"Parecen algunos fragmentos, ya sabes, pequeñas piezas de alfarería y están mezcladas con esta capa de tierra".

"¡Qué increíble, Max, nuestro primer hallazgo! Usemos las paletas para desenterrar estos fragmentos con delicadeza".

"Y necesitamos marcar nuestra cuadrícula mostrando la ubicación exacta de nuestro hallazgo".

"Eso es correcto. Llamaré al supervisor de la A4 para que ella pueda anotar esto en el registro de excavación. Luego estaremos listos para examinar nuestro hallazgo".

UN PEQUEÑO HALLAZGO

De acuerdo, arqueólogo novato, examinemos nuestro hallazgo más detenidamente, los verbos de acción que desenterramos la semana pasada. Examinarlos nos dará un entendimiento más claro de lo que la Biblia quiere decir.

Una manera de examinar nuestros verbos es hacer un estudio de palabras de ellos. Un estudio de palabras es donde buscas la palabra

45

Guía de Instrucciones

56 Lee "Notas de Campo" en la página 46 para ayudarte a entender el significado de los verbos que marcaste en el hebreo del Antiguo Testamento.

---

46 TERCERA SEMANA

en el idioma original en el que fue escrito. ¿Sabías que el Antiguo Testamento (donde se encuentra Génesis) fue escrito principalmente en hebreo con algo de arameo? Así que si queremos estar seguros que entendemos lo que la palabra *creó* (uno de nuestros verbos de acción) significa en Génesis 1:1, deberíamos hacer un estudio de palabras haciendo una búsqueda de la palabra "creó" en una concordancia como la *Concordancia Exhaustiva de la Biblia* o *Estudio de Palabras Completo del Antiguo Testamento* de Zodhiates y encontrar qué significa la palabra *creó* en el idioma hebreo, así como Silvia y Max lo han hecho en sus notas de campo.

Si quisieras aprender cómo hacer un estudio de palabras por ti mismo, Silvia y Max pueden mostrarte cómo hacerlo en el libro de *Cómo Estudiar Tu Biblia para Niños*. Si tienes una copia de este libro y si tu mamá, papá o profesor tiene una *Concordancia Exhaustiva de la Biblia* o *Estudio de Palabras Completo del Antiguo Testamento* de Zodhiates, podrías hacer un intento y encontrar estas palabras por ti mismo.

Pero solo en caso que no quieras, Silvia y Max quieren que veas lo que ellos han descubierto. Echa un vistazo a sus notas de campo a continuación, para ver qué encontraron en el estudio de palabras que ellos hicieron sobre nuestros verbos de acción: creó, se movía, dijo, vio, separó, llamó, hizo, puso, bendijo, completó, reposó y santificó. Estos son los 12 verbos de acción que muestran lo QUE Dios hizo.

56 NOTAS DE CAMPO

Creó: bara significa "creado de la nada". Esto da evidencia que Dios hizo los cielos y la tierra de la nada. ¡Vaya! ¿Alguna vez has visto a alguien hacer algo de la nada?

Se movía: rakjáf significa "flotar, moverse, vibrar".

Dijo: amar significa "decir o hablar".

Vio: raá significa "ver o examinar".

Guía de Instrucciones

> *Separó*: *badal* significa "dividir o hacer distinción".
>
> *Llamó*: *qara'* significa "llamar o clamar".
>
> *Hizo*: *'asah* significa "fabricar, diseñar, armar, construir".
>
> *Puso*: *natán* significa "establecer, entregar, guindar, colocar, exponer, poner algo en un lugar o fijar algo en un lugar".
>
> *Completó*: *kalah* significa "cumplir, llevar un proceso a una conclusión, a una finalización, terminado".
>
> *Reposó*: *shabat* significa "cesar, parar de, descansar, dejar, concluir".
>
> *Bendijo*: *Barak* significa "alabar, elogiar, arrodillarse, inclinarse".
>
> *Santificó*: *qadash* puede significar "santo, consagrado, ser apartado, ser limpio o hacer limpio".

Ahora haz un poco de excavación por tu cuenta. Ve a tu Registro de Observaciones en la página 138 y examina más de cerca cómo se usan estos verbos. Estos deberían ser fáciles de identificar porque marcaste a cada uno de una manera especial la semana pasada.

Guía de Instrucciones

57 Ve a la página 138 y vuelve a leer Génesis 1 para responder las preguntas en las páginas 47-50.

REGISTRO DE OBSERVACIONES

GÉNESIS 1-5

57 Capítulo 1

1 En el principio Dios creó los cielos y la tierra.

2 La tierra estaba sin orden y vacía y las tinieblas cubrían la superficie del abismo y el Espíritu de Dios se movía sobre la superficie de las aguas.

3 Entonces dijo Dios: "Sea la luz." Y hubo luz.

4 Dios vio que la luz *era* buena; y Dios separó la luz de las tinieblas.

5 Y Dios llamó a la luz día y a las tinieblas llamó noche. Y fue la tarde y fue la mañana: un día.

6 Entonces dijo Dios: "Haya expansión (firmamento) en medio de las aguas y separe las aguas de las aguas."

7 Dios hizo la expansión (el firmamento) y separó las aguas que *estaban* debajo de la expansión de las aguas que *estaban* sobre la expansión. Y así fue.

8 Y Dios llamó a la expansión cielos. Y fue la tarde y fue la mañana: el segundo día.

138

Guía de Instrucciones

> REGISTRO DE OBSERVACIONES 139
>
> 9 Entonces dijo Dios: "Júntense en un lugar las aguas *que están* debajo de los cielos y que aparezca lo seco." Y así fue.
>
> 10 Dios llamó a lo seco "tierra," y al conjunto de las aguas llamó "mares." Y Dios vio que *era* bueno.
>
> 11 Entonces dijo Dios: "Produzca la tierra vegetación: hierbas que den semilla, y árboles frutales que den su fruto con su semilla sobre la tierra según su especie." Y así fue.
>
> 12 Y produjo la tierra vegetación: hierbas que dan semilla según su especie y árboles que dan su fruto con semilla, según su especie. Y Dios vio que *era* bueno.
>
> 13 Y fue la tarde y fue la mañana: el tercer día.
>
> 14 Entonces dijo Dios: "Haya lumbreras en la expansión de los cielos para separar el día de la noche y sean para señales y para estaciones y para días y *para años*;
>
> 15 y sean por luminarias en la expansión de los cielos para alumbrar sobre la tierra." Y así fue.
>
> 16 Dios hizo las dos grandes lumbreras, la lumbrera mayor para dominio del día y la lumbrera menor para dominio de la noche. *Hizo* también las estrellas.
>
> 17 Dios las puso en la expansión de los cielos para alumbrar sobre la tierra,

Guía de Instrucciones

> 140   REGISTRO DE OBSERVACIONES
>
> 18 y para dominar el día y la noche y para separar la luz de las tinieblas. Y Dios vio que *era* bueno.
>
> 19 Y fue la tarde y fue la mañana: el cuarto día.
>
> 20 Entonces dijo Dios: "Llénense las aguas de multitudes de seres vivientes y vuelen las aves sobre la tierra en la abierta expansión de los cielos."
>
> 21 Y Dios creó los grandes monstruos marinos y todo ser viviente que se mueve, de los cuales, según su especie, están llenas las aguas y toda ave según su especie. Y Dios vio que *era* bueno.
>
> 22 Dios los bendijo, diciendo: "Sean fecundos y multiplíquense y llenen las aguas en los mares y multiplíquense las aves en la tierra."
>
> 23 Y fue la tarde y fue la mañana: el quinto día.
>
> 24 Entonces dijo Dios: "Produzca la tierra seres vivientes según su especie: ganados, reptiles y animales de la tierra según su especie." Y así fue.
>
> 25 Dios hizo las bestias de la tierra según su especie y el ganado según su especie y todo lo que se arrastra sobre la tierra según su especie. Y Dios vio que *era* bueno.
>
> 26 Y dijo Dios (Padre, Hijo y Espíritu Santo): "Hagamos al hombre a Nuestra imagen, conforme a Nuestra semejanza; y ejerza dominio

Guía de Instrucciones

REGISTRO DE OBSERVACIONES   141

sobre los peces del mar, sobre las aves del cielo, sobre los ganados, sobre toda la tierra y sobre todo reptil que se arrastra sobre la tierra."

27 Dios creó al hombre a imagen Suya, a imagen de Dios lo creó; varón y hembra los creó.

28 Dios los bendijo y les dijo: "Sean fecundos y multiplíquense. Llenen la tierra y sométanla. Ejerzan dominio sobre los peces del mar, sobre las aves del cielo y sobre todo ser viviente que se mueve sobre la tierra."

29 También les dijo Dios: "Miren, Yo les he dado a ustedes toda planta que da semilla que hay en la superficie de toda la tierra y todo árbol que tiene fruto que da semilla; esto les servirá de alimento.

30 Y a todo animal de la tierra, a toda ave de los cielos y a todo lo que se mueve sobre la tierra y que tiene vida, *les he dado* toda planta verde para alimento." Y así fue.

31 Dios vio todo lo que había hecho; y era bueno en gran manera. Y fue la tarde y fue la mañana: el sexto día.

Capítulo 2

1 Así fueron acabados los cielos y la tierra y todas sus huestes (todo lo que en ellos hay).

142   REGISTRO DE OBSERVACIONES

2 En el séptimo día ya Dios había completado la obra que había estado haciendo y reposó en el día séptimo de toda la obra que había hecho.

3 Dios bendijo el séptimo día y lo santificó, porque en él reposó de toda la obra que Él había creado y hecho.

Guía de Instrucciones

¿Cuántas veces ves que "Dios creó"? <u>6 veces</u>: versos 1, 21, 27 (x3); 2:3.

Escribe lo que Dios creó de la nada.

Génesis 1:1 <u>los cielos y la tierra</u>

Génesis 1:21 <u>los grandes monstruos marinos, todo ser viviente que se mueve y toda ave.</u>

Génesis 1:27 <u>el hombre a imagen Suya-varón y hembra.</u>

Mira lo que "se movía" en Génesis 1:2. ¿QUIÉN se movía sobre la superficie de las aguas? <u>El Espíritu de Dios.</u>

¿CUÁNTAS veces ves que "Dios dijo"? <u>10 veces</u>: versos 3, 6, 9, 11, 14, 20, 24, 26, 28 y 29.

Busca y lee Salmos 33:6. **¿CÓMO fueron hechos los cielos y la tierra?** <u>Por la Palabra del Señor.</u>

¿QUÉ habló Dios a existir?

Génesis 1:3 <u>luz</u>

Génesis 1:6 <u>la expansión en medio de las aguas</u>

Génesis 1:9 <u>lo seco</u>

Génesis 1:11 <u>vegetación, hierbas, árboles</u>

Génesis 1:14 <u>lumbreras en los cielos</u>

Génesis 1:20 <u>seres marinos, aves</u>

Génesis 1:24 <u>seres vivientes según su especie</u>

Génesis 1:26 <u>el hombre</u>

¿QUÉ frase clave en el verso 9 da el resultado de Dios hablando? <u>"Y así fue".</u>

¿Puedes hablar y hacer que sucedan cosas? <u>No</u>

a. ¿CÓMO entendemos que el universo fue preparado?

Por la __fe__

b. ¿CÓMO fue preparado el universo?

Por la __Palabra__ de __Dios__

Al ver el significado de las palabras *creó* y *dijo*, vemos cuán poderoso es Dios. Él puede hacer algo de la nada. Él habla y llega a suceder. La Palabra de Dios tiene poder. Es por Su Palabra que el universo fue preparado y es por la fe que lo creemos. Debemos confiar en Dios por Su palabra y creer lo que Él dice.

¿Ves lo importante que es estudiar y conocer la Palabra de Dios? ___ Sí ___ No

¿Pones en práctica lo que la Palabra de Dios dice? ¿Obedeces a Dios? ___ Sí ___ No

Ahora que has visto lo que Dios llamó a existencia, mira otros dos versos en Génesis donde vemos a Dios diciéndole algo al hombre.

Génesis 1:28 ¿QUÉ le dice Dios al hombre?

__Ser fecundo y multiplicarse, llenar la tierra, someterla, gobernar sobre todo ser vivo.__

Génesis 1:29 ¿QUÉ le dice Dios al hombre aquí?

__Ha dado toda planta verde y todo árbol para comer__

¿No es impresionante ver a Dios tanto bendiciendo como proveyendo para las necesidades del hombre?

Guía de Instrucciones

Busca Hebreos 11:3.

¿CÓMO entendemos que el universo fue preparado? Por la fe.

¿CÓMO fue preparado el universo? Por la Palabra de Dios

Lee la siguiente nota y responde las preguntas por cuenta propia. Discute con la clase.

Génesis 1:28 ¿QUÉ ordena Dios al hombre? Ser fecundo y multiplicarse, llenar la tierra, someterla, gobernar sobre todo ser vivo.

Génesis 1:29 ¿QUÉ le dice Dios al hombre? Él le ha dado toda planta verde y todo árbol para comer.

La Asombrosa Creación de Dios - Tercera Semana

Guía de Instrucciones

¿CUÁNTAS veces observas la frase "Dios vio"? <u>7</u> **veces (versos 4, 10, 12, 18, 21, 25 y 31).**

¿QUÉ vio o inspeccionó Dios?
Toda Su c <u>r e a c i ó n</u>.

¿QUÉ frase clave en estos versos nos habla sobre QUÉ pensaba Dios de Su creación?
<u>Vió que era bueno.</u>

Discute y pide a los estudiantes que respondan las siguientes dos preguntas por ellos mismos.

TERCERA SEMANA

¿CUÁNTAS veces ves la frase "Dios vio"?
___7___ veces.

En base a lo que significa *vio* en el hebreo, ¿qué vio o inspeccionó Dios? Toda su
c<u>**reación**</u>

¿CUÁL es la frase clave en estos versos que nos dice QUÉ pensó Dios sobre Su creación?

<u> vió </u> <u> que </u> <u> era </u> <u> bueno </u>

¿Hizo Dios algo malo? ___ Sí __x__ No

¿Cometió Dios algún error? ___ Sí __x__ No

¡Eso te incluye a ti! Así que no te quejes sobre quién eres, lo que tienes o por cómo te ves. ¡Recuerda que Dios te creó y vio que era bueno!

Bueno, el sol se está poniendo y está empezando a ponerse frío aquí afuera, así que será mejor que terminemos esto mañana. Pero antes que tomes tu chaqueta y te dirijas a la tienda comedor, Silvia y Max necesitan un poco de ayuda con los fragmentos de la cerámica que descubrieron hoy. Ayúdalos a quitar la tierra con los cepillos. Luego examina las piezas rotas y mira si puedes averiguar cómo encajan juntas para hacer una sola pieza de cerámica. Hemos rotulado cada pieza con una palabra. Así que mientras averiguas

Palas, Picos y Cepillos

cómo deberían encajar juntas, mira la figura de todo el jarrón. Trata de averiguar cómo encajarían las piezas rotas en todo el jarrón. Escribe la palabra del fragmento que combina con la pieza dentro del jarrón completo. Luego ponlas en orden en los espacios en blanco a continuación. Hemos hecho el primero para ti.

Guía de Instrucciones

Mira las palabras de los fragmentos de la cerámica y une cada pieza en el jarrón. ¿QUÉ dice el verso?

"Dios vio todo lo que había hecho; y era bueno en gran manera. Y fue la tarde y fue la mañana: el sexto día".
Génesis 1:31

Guía de Instrucciones

Tienes en espera algunos emocionantes descubrimientos en la Palabra de Dios. Pídele que te dé un claro entendimiento de los detalles de Su creación.

58 Ve a la página 52 y lee "De Vuelta al Hoyo". Luego ve a la página 138 y lee nuevamente los versos que contienen "Dios separó".

59 Busca los versos con verbos para resolver el crucigrama en las páginas 52-54.

¿QUÉ dos cosas separó Dios?

1. (Horizontal) Génesis 1:4 **luz** de las tinieblas

2. (Vertical) Génesis 1:7 **aguas** debajo de la expansión de las **aguas** sobre la expansión

¿CUÁNTAS veces notas la frase "Dios llamó"? 5 veces: versos 5 (x2), 8, 10 (x2).

¿QUÉ llamó Dios?

3. (Vertical) Génesis 1:5 Dios llamó a la luz **día** y

4. (Horizontal) Génesis 1:5 a las tinieblas llamó **noche**

5. (Horizontal) Génesis 1:8 Dios llamó **cielos** a la expansión.

6. (Horizontal) Génesis 1:10 Dios llamó **tierra** a lo seco.

¿CUÁNTAS veces observas que "Dios hizo"? 7 veces: 7, 16 (x2), 25, 26; 2:3; 3:1

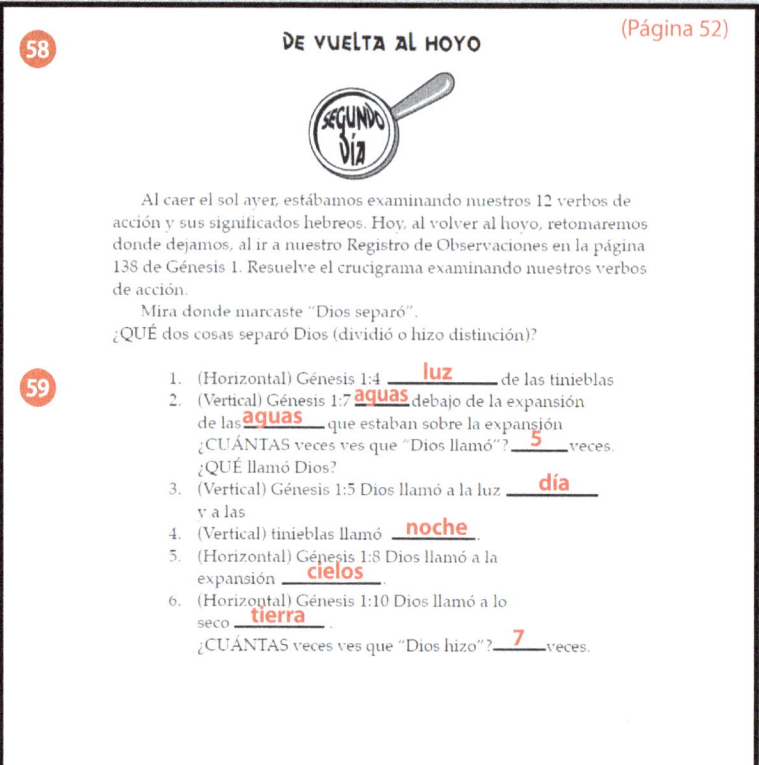

Palas, Picos y Cepillos 83

(Página 53)

¿Qué hizo Dios (construyó, armó o diseñó)?

7. (Horizontal) Génesis 1:7 __expansión__
8. (Vertical) Génesis 1:16 dos __grandes__ __lumbreras__
9. (Horizontal) Génesis 1:25 las __bestias__ de la tierra
10. (Horizontal) el __ganado__ y todo lo que se arrastra sobre la tierra.
11. (Horizontal) Génesis 1:26 __hombre__

¿Qué puso Dios (guindó o colocó en su lugar)?

12. (Vertical) __sol__

54 TERCERA SEMANA

13. (Vertical) __luna__
14. (Vertical) __estrellas__

Ahora mira Génesis 2:1-3 en la página 141.
¿Qué completó Dios (culminó, llevó a un fin, terminó)?

15. (Horizontal) los cielos y la tierra y todas sus __huestes__
Génesis 2:2 ¿Qué hizo Dios cuando Él completó Su creación?
16. (Horizontal) Él __reposó__ de toda la obra que había hecho.
¿Por qué? ¿Qué significa esa palabra? (Mira tus notas de campo en las páginas 46-47).
__hacer cesar; detener.__

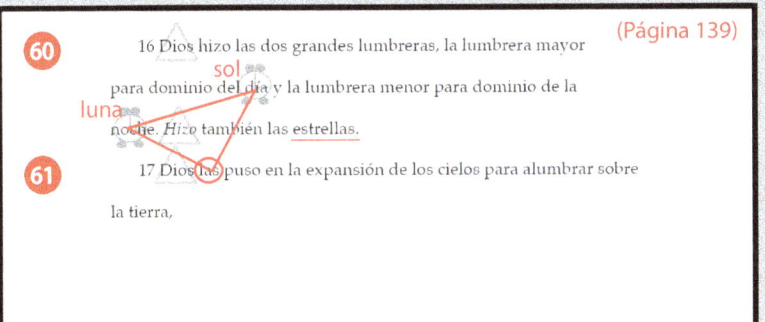

(Página 139)

⓺⓪ 16 Dios hizo las dos grandes lumbreras, la lumbrera mayor __sol__ para dominio del día y la lumbrera menor para dominio de la __luna__ noche. *Hizo* también las estrellas.

⓺① 17 Dios las puso en la expansión de los cielos para alumbrar sobre la tierra,

Guía de Instrucciones

¿QUÉ hizo Dios?

g. (Horizontal) Génesis 1:7 la expansión

h. (Vertical) Génesis 1:16 las dos grandes lumbreras

i. (Horizontal) Génesis 1:25 las bestias de la tierra

j. (Vertical) Génesis 1:25 el ganado y todo lo que se arrastra sobre la tierra.

k. (Vertical) Génesis 1:26 el hombre

¿QUÉ puso Dios?

l. (Vertical) Génesis 1:16-17 el sol

m. (Vertical) Génesis 1:16 la luna

n. (Horizontal) Génesis 1:16 las estrellas

Busca Génesis 2:1-3 en la página 141.

¿QUÉ completó Dios?

o. (Horizontal) Génesis 2:1 los cielos y la tierra y todas sus huestes

¿QUÉ hizo Dios cuando completó Su creación?

p. (Horizontal) Génesis 2:2 Él reposó de toda Su obra.

¿Por qué? ¿Qué significa "reposar"? (Mira las páginas 46-47). Hacer cesar; detener.

⓺⓪ Encuentra Génesis 1:16 en la página 139. Escribe "sol", encima de día y "luna" encima de noche. Subraya las "estrellas".

⓺① Encuentra Génesis 1:17 y encierra "las puso". Traza una línea desde el artículo "las" para conectarla con las palabras "sol", "luna" y "estrellas" en Génesis 1:16. Responde las preguntas 12-14.

Guía de Instrucciones

¿Estaba Dios cansado? *Discute esto.*

¿CUÁLES son los últimos dos verbos? **Bendijo y santificó**

 Lee el resto de las notas en la página 54. Discute sobre cómo Dios trajo al mundo a existencia.

Guía de Instrucciones

63 Ve a la página 55 y lee "Excavando más Profundo". ¿Qué palabra es necesaria en el tercer párrafo? O **r a d o**

Pide a Dios que te acompañe al profundizar aún más en los tesoros de Su Palabra.

64 Ve a la página 140 y lee Génesis 1:26-27.

63

Palas, Picos y Cepillos   55

EXCAVANDO MÁS PROFUNDO

"Oye, Max, será mejor que recojas a Chispa. Parece que enloqueció un poco".

"¡Chispa, para! Sé que te encanta cavar, pero debemos hacerlo despacio y gentilmente para asegurarnos de no perdernos de nada ni de destruir un hallazgo".

¿Estás listo para profundizar en nuestro estudio? ¿Has o **rado**? Entonces toma un pico para profundizar nuestra investigación hoy para ver si Dios creó los cielos y la tierra Él mismo. Lee Génesis 1:26-27 en tu Registro de Observaciones en la página 140.

---

64   **26** Y dijo Dios (Padre, Hijo y Espíritu Santo): "Hagamos al hombre a Nuestra imagen, conforme a Nuestra semejanza; y ejerza dominio

(Página 140)

REGISTRO DE OBSERVACIONES   141

sobre los peces del mar, sobre las aves del cielo, sobre los ganados, sobre toda la tierra y sobre todo reptil que se arrastra sobre la tierra."

27 Dios creó al hombre a imagen Suya, a imagen de Dios lo creó; varón y hembra los creó.

Guía de Instrucciones

65 Resuelve el laberinto en la página 56 para determinar el nombre de Dios. Sigue las líneas de cada figura de la izquierda al cuadro correcto. Escribe la primera letra de la figura en el cuadro que le corresponda. Por ejemplo, la primera figura es un mapa. Sigue la línea hacia el cuadro y escribe la letra "M". Puedes rastrear cada línea con un color diferente: mapa (rojo), isla (verde), escalera (azul), lámpara (rojo), oso (morado) y hoja (café). La palabra hebrea para Dios en Génesis 1:1, 26-27 es Elohim. Escríbela en la línea.

Lee el resto de las notas que explican el significado del Nombre de Dios. Hay un Dios en tres Personas: el Padre, Hijo y Espíritu Santo.

palabra, *El*, significa "fuerte o poderoso". Es la palabra que usamos para referirnos al Dios Todopoderoso. La terminación *im* es muy importante porque es una terminación plural. *Elohim* es la palabra para Dios como Creador en Génesis 1:1. Ya que tiene una terminación plural, ¿significa esto que hay más de una persona que tiene los atributos (cualidades) que hacen que Dios sea Dios y sea diferente del hombre? Solo hay un Dios quien es uno en carácter y atributos. Pero Dios es también tres Personas distintas: Dios el Padre, Dios el Hijo y Dios el Espíritu Santo. Ya que hemos descubierto que *Elohim* es la palabra hebrea usada para Dios en Génesis 1:1 y que tiene una terminación plural, ¿podría esto significar que Dios el Padre, Dios el Hijo (Jesucristo) y Dios el Espíritu Santo tuvieron cada uno una parte en la Creación? ¿CÓMO lo descubrimos?

Primero veamos Génesis 1:2. ¿QUIÉN se movía sobre la superficie de las aguas?

El Espíritu de Dios

Ahora hagamos unas referencias cruzadas. Busca y lee Juan 1:1-3, 14.

Juan 1:1 ¿QUIÉN era en el principio? **El Verbo**

Juan 1:1 ¿QUIÉN era el Verbo? **Dios**

Hagamos una lista de lo que vemos sobre el Verbo en Juan 1:1:

a. El Verbo estaba en el **principio**.

b. El Verbo **estaba** **con** Dios.

c. El Verbo era **Dios**.

Mmm. ¿No es eso interesante? El Verbo no era solo Dios, sino que el Verbo estaba con Dios.

Guía de Instrucciones

Lee los siguientes versos para responder las preguntas de las páginas 57-59.

Génesis 1:2 ¿QUIÉN se movía sobre la superficie de las aguas? <u>El Espíritu de Dios</u>

Juan 1:1 ¿QUIÉN existía en el principio? <u>El Verbo</u>

Juan 1:1 ¿QUIÉN era el Verbo? Dios

a. El Verbo ya existía en el <u>principio</u>.

b. El Verbo <u>estaba con</u> Dios.

c. El Verbo era <u>Dios</u>.

Guía de Instrucciones

¿CUÁNTOS proclaman ser Dios? Dos

Juan 1:2 ¿QUIÉN estaba en el principio con Dios? Él

Juan 1:14 ¿QUIÉN es este "Él"? ¿QUIÉN se hizo carne y habitó entre nosotros? ¿QUIÉN es el Unigénito del Padre y quién es el Hijo de Dios? Jesús

Juan 10:30 ¿QUÉ dice Jesús sobre el Padre y Él mismo? Yo y el Padre somos uno.

Juan 1:3 ¿CÓMO fueron hechas todas las cosas? Por medio de Él

¿QUIÉN descubrimos que era "Él"? Jesús

Hebreos 1:2 ¿Por medio de QUIÉN fue hecho el mundo? El Hijo (Jesús)

Colosenses 1:13-17 ¿QUIÉN es "Él" en estos versos? Jesús

Ahora lee 1 Corintios 8:6.

¿QUÉ vemos acerca de Dios? **Solo hay un Dios, el Padre, de quien proceden todas las cosas y existimos para Él.**

¿QUÉ vemos acerca de Jesús? **Solo hay un Señor, por quien son todas las cosas y por medio de Él existimos.**

Entonces al ver todos estos versos, vemos que Dios, Jesús y el Espíritu Santo tuvieron cada uno una parte en la Creación. Ahora regresa a Génesis 1:26-27. ¿Sabes de QUIÉN se trata el "Nuestra"? Nombra el "Nuestra".

Padre, Hijo y Espíritu Santo.

¿No es asombroso descubrir por ti mismo que Dios, Jesús y el Espíritu Santo tuvieron cada uno una parte en crear al hombre y que el hombre fue creado CÓMO?

A imagen de Dios.

Tú fuiste creado a la imagen de Dios, ¡Asombroso!
¿No te alegra haber profundizado un poco en la Palabra de Dios?
El Salmo 7:17 dice: "Daré gracias al Señor conforme a Su justicia y cantaré alabanzas al nombre del Señor, el Altísimo".
Al salir fuera del hoyo en este día, alaba a Dios por quién Él es: ¡nuestro Creador y poderoso, asombroso Dios!

Guía de Instrucciones

1 Corintios 8:6 ¿QUÉ vemos sobre Dios? Solo hay un Dios, el Padre, de quien proceden todas las cosas y existimos para Él.

¿QUÉ vemos sobre Jesús? Solo hay un Señor, por quien son todas las cosas y por medio de Él existimos.

Génesis 1:26-27 ¿QUIÉNES son "nosotros"? Padre, Hijo y Espíritu Santo.

¿CÓMO fue creado el hombre? A imagen de Dios.

Lee Salmos 7:17 para ti mismo.

"Daré gracias al Señor conforme a Su justicia y cantaré alabanzas al nombre del Señor, el Altísimo".

¡Buen trabajo! ¡Has completado un estudio productivo y Dios se agrada de ti!

Guía de Instrucciones

Dale gracias a Dios por la oportunidad de estudiar Su Palabra. Pídele que te dé un mensaje especial en este día.

66 Ve a la página 60 y lee "Leyendo las Capas".

67 Ve a la página 138 y lee Génesis 1:1 de nuevo.

¿CUÁNDO creó Dios los cielos y la tierra? **En el principio.**

Génesis 1:1-2:3

¿CUÁNTO tiempo ocupó Dios para crear la tierra? **Seis días**

Leyendo Las capas

¿Adivina qué? Hoy tenemos la oportunidad de ayudar al tío Jaime y Ana, nuestra científica de suelos, en leer las capas de la tierra. ¿No suena eso divertido? Y mientras lo hacemos, necesitamos investigar otra capa en Génesis 1 que tiene algo que ver con el tiempo. ¿Qué pregunta de las seis preguntas básicas lidia con el tiempo? CUÁNDO. ¡Eso es correcto! Entonces hoy al empezar a probar nuestra tierra, echemos otro vistazo al CUÁNDO en Génesis 1. Vuelve a tu Registro de Observaciones en la página 138 y lee Génesis 1:1. O mejor aún, dilo en voz alta como práctica pues ya has memorizado este verso.

Entonces ¿CUÁNDO creó Dios los cielos y la tierra?

En el principio

¿CUÁNDO fue el principio? ¿Y QUÉ tan vieja es la tierra? ¿Sabías que muchos científicos y libros dicen que la tierra tiene billones de años de edad? ¿Está eso de acuerdo con lo que la Biblia dice? Y si otros no se alinean con lo que la Biblia dice, ¿a QUIÉN le vas a creer, a Dios o al hombre? ¿DÓNDE pondrás tu fe?

Así que tomemos el primer paso para encontrar nuestras respuestas. Veamos Génesis 1:1-2:3 y veamos qué tiene la Biblia que decir.

¿CUÁNTO tiempo le tomó a Dios crear la tierra?

Seis días

¿CUÁNTO dura un día? Cuando hablamos de un día, queremos decir el tiempo que la tierra se demora para girar una vez sobre su propio eje, el cual es un periodo de 24 horas. ¿Es eso lo que Dios quiso decir cuando Él usó la palabra *día* en Génesis? Vamos a descubrirlo.

> *Palas, Picos y Cepillos* 61
>
> La palabra hebrea para *día* en Génesis es *yom*, la cual tiene varios significados. Esta puede significar un periodo de luz contrastado con uno de tinieblas, un periodo de 24 horas, un tiempo indefinido o un punto en el tiempo. ¿Cómo sabes cuál significado usar? Examinando el contexto del pasaje de la Escritura. ¿Recuerdas qué es el contexto? El contexto es donde vemos los versos que rodean el pasaje de las Escrituras que estamos estudiando, como los versos previos y los versos posteriores. Luego pensamos sobre cómo el pasaje encaja en el capítulo y luego sobre cómo encaja en toda la Biblia.
>
> Así que examinemos Génesis 1 de cerca para ver qué descubrimos sobre la palabra *día* al ver el contexto del pasaje.
>
> > Ahora ¿DÓNDE es el primer lugar en que vemos mencionarse la palabra *día* en Génesis 1? ¿QUÉ verso? **Verso 5**
> >
> > En la primera parte del verso 5 vemos que Dios llama a la luz de una manera. ¿CÓMO le llama?
> >
> > **Día**
> >
> > ¿A qué significado correspondería este *día*? Encierra la respuesta que pienses que es correcta.
> >
> > a. un periodo de tiempo de 24 horas
> > **(b.)** un tiempo de luz contrastado con uno de tinieblas
> >
> > En la segunda parte de este mismo verso vemos nuestra frase clave *"Y fue la tarde y fue la mañana: un día"*. Esta frase se repite cinco veces más (en Génesis 1:8, 13, 19, 23 y 31).
> >
> > ¿QUÉ crees que significa día en estos versos? Encierra la respuesta que creas correcta.
> >
> > **(a.)** un periodo de tiempo de 24 horas
> > b. un tiempo de luz contrastado con uno de tinieblas
> > c. una cantidad de tiempo no definida

Guía de Instrucciones

Lee la nota sobre la palabra hebrea para "día" al inicio de la página 61. Usa las referencias del contexto para responder las preguntas sobre el día.

Génesis 1 ¿DÓNDE se menciona "día" por primera vez? ¿En QUÉ verso? Verso 5

Génesis 1:5 ¿CÓMO llama Dios a la luz en este verso? Día

¿A qué suena este día? Encierra la respuesta que creas que es correcta:

a. un periodo de 24 horas

(b.) un tiempo de luz contrastado con un tiempo de tinieblas

Lee Génesis 1:8, 13, 19, 23 y 31. ¿Cuál es la frase clave? "Y fue la tarde y fue la mañana: el primer día".

¿QUÉ significa "*día*" en esta frase?

(a.) periodo de 24 horas

b. un tiempo de luz contrastado con un tiempo de tinieblas

c. un periodo de tiempo indefinido

Guía de Instrucciones

Dirige una discusión para responder la pregunta "¿POR QUÉ escogiste esta respuesta?".

Génesis 2:2 ¿QUÉ hizo Dios en el séptimo día? Él completó Su obra y reposó.

Lee Éxodo 20:1-3 y Éxodo 20:8-11 para responder las siguientes cuatro preguntas.

Éxodo 20:9 ¿CUÁNTO tiempo debían trabajar los hijos de Israel? Seis días

Éxodo 20:10 ¿QUÉ debían hacer los hijos de Israel en el séptimo día? Reposar de su trabajo.

Éxodo 20:11 ¿QUÉ modelo debían seguir los hijos de Israel en cuanto a sus días? La creación

¿CUÁNTOS días tiene nuestra semana? Siete días

> ¿Tenemos un día de reposo en que debamos honrar a Dios?
> ____ Sí ____ No
>
> Ya que Dios dijo a los hijos de Israel que siguieran sus semanas como los días de la Creación, ¿crees, considerando el contexto, contexto que Dios creó la tierra en seis días de 24 horas de duración?
> ____ Sí ____ No
>
> ¿POR QUÉ sí o POR QUÉ no? _____
>
> Busca y lee el salmo 33:6-9.
>
> Salmos 33:9. Viendo este verso, ¿pareciera que le tomó un tiempo a la Creación para que ocurriera o sucedió inmediatamente cuando Dios habló?
>
> **Inmediatamente después que Dios habló**
>
> Ahora como ejemplo, veamos a un rey terrenal. Cuando un rey terrenal decretaba una orden, ¿era obedecida?
> ____ Sí ____ No
>
> ¿Qué tan rápido era obedecida? ¿En cualquier rato? ¿Inmediatamente? (Encierra la respuesta correcta).
>
> La respuesta es *inmediatamente*, ¿no es cierto? ¡Pues si alguien no seguía las órdenes de su rey inmediatamente, le podrían cortar la cabeza! Eso muestra cuánto poder tenía un rey terrenal. Si un rey terrenal tuvo ese tipo de poder, imagina cuánto poder tiene nuestro Dios, el Rey del universo.

Guía de Instrucciones

Discute esto y responde las siguientes dos preguntas por cuenta propia.

Busca y lee Salmos 33:6-9.

Según el verso 9, ¿QUÉ tan rápido ocurrió la creación? Inmediatamente después que Dios habló.

Discute para responder las siguientes dos preguntas y lee el resto de las notas en las páginas 63-64.

Guía de Instrucciones

> ¿Hay alguna razón para creer que en el momento en que Dios habló, no hubiera ocurrido inmediatamente? ¡Por supuesto que no! Nuestro Dios es Dios Todopoderoso, ¡y NADA es muy difícil para Él!
>
> Ahora viendo el contexto de estos versos, hemos descubierto por nosotros mismo de qué manera Dios usó la palabra *día*. Sabemos que *día* es usada en la primera parte del verso 5 como un tiempo de luz y no de tinieblas. Y en la segunda parte del verso 5, junto con los versos 8, 13, 19, 23 y 31, vemos que *día* es un periodo de 24 horas. ¿No es asombroso ser capaz de entender la Biblia por ti mismo para que nadie te desvíe de ella?
>
> Ahora que sabemos cuánto tiempo le tomó a Dios crear la tierra (esto es, si le vamos a creer a la Biblia), mañana veremos si podemos descubrir realmente cuán vieja es la tierra.
>
> ¡Hiciste un gran trabajo leyendo las diferentes capas de nuestro suelo! Así que tómate una pausa y saca a Chispa a pasear. Ah y no te olvides de practicar tu verso. Nos vemos en la mañana.

Guía de Instrucciones

Estás a punto de descubrir lo que Dios dice sobre la edad de Su tierra. Pídele que te dé una mente enfocada y un claro entendimiento.

 Ve a la página 64 y lee "Un Gran Hallazgo" en voz alta mientras la clase sigue la lectura. Esto te dará una oportunidad de dirigir una discusión sobre la edad de la tierra.

(Página 64)

¡UN GRAN HALLAZGO!

"¡Silvia, ven acá! Mira, ¿qué es eso?"

"No lo sé, Max. Llamemos al tío Jaime o al sr. William para que lo revisen antes de hacer cualquier cosa".

"Oye, tío Jaime, creo que hallamos algo. ¿Podrías venir a revisarlo?"

"Claro, Max. Déjame llamar al sr. William y estaremos allí en un momento".

"Bien, chicos. ¿Qué sucede?"

"Mira, tío Jaime. ¿Qué crees que es?"

"Mmm, no estoy muy seguro, Max, pero necesitamos ser muy cuidadosos al usar un pequeño pico y cepillarlo para revelarlo. Parece ser parte de un hueso. Podría ser un esqueleto. Así que dejémoslo *in-situ*, es decir, dejémoslo en su sitio original, tal cual lo hallamos. Sr.

William, llame a María para que venga aquí y tome unas fotografías. ¡Buen trabajo, chicos!"

¿No es eso emocionante? Puede que Silvia y Max hayan descubierto algo realmente grande. Ahora es tu turno. Una de las preguntas más grandes jamás hecha es: "¿Cuál es la edad de la tierra?" Hay todo tipo de libros, artículos de revistas y científicos investigando para encontrar la respuesta a esta pregunta muy importante. Y debido a que sabes dónde ir para encontrar la verdad (la Biblia), tienes el mapa perfecto para desenterrar la respuesta a una de las preguntas más grandes que se ha hecho. Así que, ¿estás listo para hacer historia con el hallazgo más importante del mundo? Entonces toma el pico y el cepillo y revelemos la verdad.

Guía de Instrucciones

Lee Génesis 5:1-3 en la página 151 en voz alta usando tu ayuda visual del Registro de Observaciones, mientras los estudiantes siguen la lectura y mencionan cada palabra clave que aparece. Luego márquenlas juntos como lo señalamos en la página 44.

Dios (dibuja un triángulo morado y coloréalo de amarillo. No te olvides de observar los pronombres).

Hombre (colorea de naranja, incluye todos los pronombres).

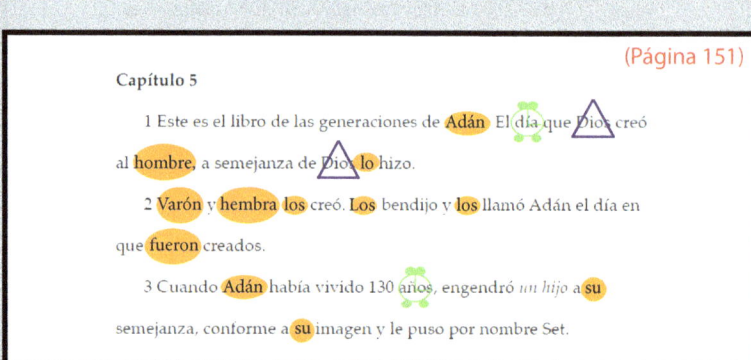

Guía de Instrucciones

Según Génesis 5:3, ¿CUÁNTOS años tenía Adán cuando le nació Set? <u>130 años</u>

Lee cada verso en el cuadro en la página 66. Escribe la edad de cada padre cuando engendró a su hijo en el cuadro.

Verso	Padre	Edad del Padre
Génesis 5:3	Adán	**130**
Génesis 5:6	Set	**105**
Génesis 5:9	Enós	**90**
Génesis 5:12	Cainán	**70**
Génesis 5:15	Mahalaleel	**65**
Génesis 5:18	Jared	**162**
Génesis 5:21	Enoc	**65**
Génesis 5:25	Matusalén	**187**
Génesis 5:28	Lamec	**182**
Génesis 5:32	Noé	**500**
Génesis 11:10	Sem	**100**
Total		**1.656**

Lee el texto en la página 67 y dirige una discusión para ayudar a los estudiantes a completar los espacios en blanco.

Génesis 11:10 ¿CUÁNTOS años tras el diluvio engendró Set a Arfaxad? <u>2 años</u>

<u>**1.656**</u> **(Total de años) –** <u>**2**</u> **(años después del diluvio cuando Sem engendró a Arfaxad) Gn. 11:10) =** <u>**1.654**</u> **años desde la creación hasta el diluvio.**

Guía de Instrucciones

69 Ve a la Línea de Tiempo en la página 69 (Guía del Maestro página 99) y escribe **1.654** debajo de "El Diluvio".

Te sería útil hacer una línea de tiempo en la pizarra o en una cartulina para que puedas completar los espacios en blanco mientras los estudiantes y tú trabajan reuniendo la información.

70 Regresa a la página 67 y lee los versos en el cuadro que te llevan de Arfaxad a Taré. Escribe la edad del padre cuando engendró al hijo.

Verso	Padre	Edad
Génesis 11:12	Arfaxad	**35**
Génesis 11:14	Sala	**30**
Génesis 11:16	Heber	**34**
Génesis 11:18	Peleg	**30**
Génesis 11:20	Reu	**32**
Génesis 11:22	Serug	**30**
Génesis 11:24	Nacor	**29**
Génesis 11:26	Taré	**70**
Total		**290**

71 Ve a la página 69 (Guía del Maestro página 99) y registra el número **290** debajo del nombre de Abraham en la Línea del Tiempo.

72 Lee las instrucciones en la página 68 en voz alta mientras los estudiantes te siguen. Dirige la discusión y escribe el Número de Generaciones en el cuadro en la página 68.

Verso	Eventos	# Gen.
Mateo 1:17	**Abraham a David**	**14**
	David a la deportación de Babilonia	**14**
	Deportación a Babilonia al Mesías	**14**
	Total	**42**

Guía de Instrucciones

73 Lee el contexto en la página 68 y dirige una discusión sobre la edad promedio de una generación. Luego completa los espacios en blanco.

Primero, supongamos que una generación equivale a 30 años.

42 (número total de generaciones) x 30 (total de años en una generación) = **1.260** años

Ahora probemos con una generación de 50 años:

42 (número total de generaciones) x 50 (total de años en una generación) = **2.100** años

74 Es importante que los estudiantes comprendan el concepto de un estimado. Lee las notas en la página 69 y ayuda a transferir sus hallazgos para completar el modelo de la Línea de Tiempo que hiciste en la pizarra o en la cartulina.

Adán	Diluvio	Abraham	Jesús	Actualmente	Total
0	1.654	290	A. 1.260	2014	5218
			B. 2.100	2014	6058

Guía de Instrucciones

75 Guía a los estudiantes al transferir la información de la Línea de Tiempo.

A. El principio de tiempo, 0 años, Creación (Adán) + **1.654** años Diluvio + **290** años Abraham + A. **1.260** años Jesús + **2014** años actualmente = **5.218** años, la edad aproximada de la tierra.

Nota: El año en que estudias esta lección podría ser distinto al 2014.

Ajusta los números a tu año de estudio.

Ahora consideremos la generación más extensa:

B. El principio de tiempo, 0 años, Creación (Adán) + **1.654** años Diluvio + **290** años Abraham + A. **2.100** años Jesús + **2014** años actualmente = **6.058** años, la edad aproximada de la tierra.

¿Rango del total de años de la tierra? Entre 5.218 y 6.058 años.

Discute para completar las preguntas abajo. ¿Cómo sabes que los estimados de los científicos de la edad de la tierra son incorrectos? **Porque Dios nos da un registro en Su Palabra.**

¿A QUIÉN le creerás? Dios

Esta ha sido una lección agotadora y has trabajo en ella con diligencia. Dios te está sonriendo hoy.

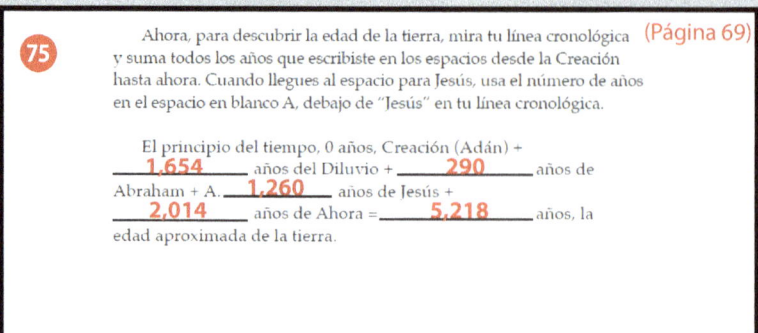

> *Palas, Picos y Cepillos* 71
>
> ¡Vaya! ¡Lo hiciste! ¡Acabaste de hacer el mayor descubrimiento en toda la historia! La tierra no tiene millones o billones de años de edad. ¡Solo tiene miles de años de edad! Estamos muy orgullosos de todo tu trabajo duro en esta semana. Continuaste excavando y mira lo que has descubierto, ¡un gran hallazgo! Ahora comparte las noticias. ¡Muéstrale a alguien este asombroso descubrimiento!
>
>

Guía de Instrucciones

Si eres un maestro de aula querrás tomarles el verso para memorizar como lección a tus estudiantes. Además hay una lección de la Tercera Semana en la página 178 para evaluar la memorización y comprensión.

Guía de Instrucciones

CUARTA SEMANA

Estás a punto de embarcarte en una misión de descubrimiento para inspeccionar las capas profundas de la creación de Dios.

Pide a Dios que te dé claridad al excavar por las capas de Su diseño.

76 Ve a la página 73 y lee "Génesis 1".

77 Lee "Identificando cada Capa" en las páginas 73-74. Estudia la palabra hebrea para "sin orden" en las Notas de Campo.

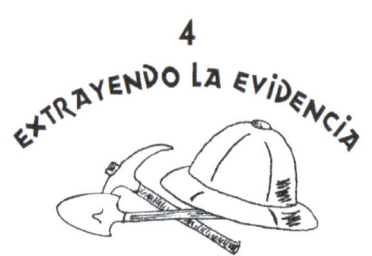

GÉNESIS 1

76 Silvia y Max están muy emocionados por su descubrimiento de la semana pasada. Mientras continuamos con nuestra excavación, el tío Jaime consulta con una antropóloga física llamada la Dr. Mejía. Entonces ¿qué es un antropólogo físico? Es alguien que estudia las características físicas de los seres humanos. Un antropólogo físico identifica los restos humanos, que usualmente son sus huesos.

Hoy la Dr. Mejía necesita confirmar cuál es el hallazgo de Max al examinar y extraer la evidencia. Nosotros continuaremos extrayendo evidencia sobre cómo Dios creó la tierra. Empecemos. El equipo nos está esperando para que podamos pasar tiempo con el "Jete de Excavación". Luego ¡de vuelta al trabajo!

IDENTIFICANDO CADA CAPA

77 Para poder identificar cada día de la Creación con mayor detalle, necesitamos examinar una capa a la vez. Al desenterrar cada capa,

Guía de Instrucciones

78 Lee los siguientes versos para responder las preguntas en las páginas 74-77.

Génesis 1:2 ¿CÓMO se ve la tierra según esta descripción? Sin orden, sin forma.

2 Pedro 3:5 ¿CÓMO podría verse la tierra según este verso? Líquida, surgió del agua y fue establecida entre las aguas.

Discute sobre la forma del agua.

No tiene forma, cambia de forma.

---

74 — CUARTA SEMANA

necesitamos ayudar a nuestro artista a dibujar estas capas para que podamos registrar nuestro hallazgo.

78 Así que comencemos con la lectura de la primera parte de Génesis 1:2:

> La tierra estaba sin orden y vacía y las tinieblas cubrían la superficie del abismo.

¿QUÉ significa que estaba "sin orden y vacía"? Revisa las notas de campo de Silvia y Max a continuación:

NOTAS DE CAMPO

La palabra hebrea para "sin orden" es *tóju*, la cual significa "dejar desolado, una desolación, desierto, sin forma".
La palabra hebrea para "vacía" es *bojú*, que significa "estar vacío o desocupado, vacante".

Entonces ¿eso significa que la tierra era una completa desolación? No. Solo quiere decir que Dios no le había dado forma. La tierra estaba vacía porque Él no había puesto nada en ella todavía. Como hemos visto al examinar Génesis 1, Dios pasa los primeros cuatro días de la Creación dándoles forma a la tierra y el cielo y luego la puebla.

¿Entonces CÓMO crees que la tierra pudo haber sido al ver la descripción en Génesis 1:2?

Sin orden, sin forma

Encuentra otra pista de cómo era el mundo al buscar y leer 2 Pedro 3:5.

¿CÓMO crees que era la tierra en base a este verso?

Líquida, surgió del agua y fue establecida entre las aguas

Guía de Instrucciones

79 En la página 75, dibuja una figura para mostrar CÓMO era la tierra cuando estaba sin orden y vacía. Esta es la primera capa de la creación.

Mira la siguiente capa al leer la segunda parte de Génesis 1:2.

"…y el Espíritu de Dios se movía sobre la superficie de las aguas".

80 Repasa la palabra hebrea para "se movía" en las Notas de Campo en la página 46. En la página 76, dibuja una figura del Espíritu Santo revoloteando sobre la superficie de las aguas. Esta es la segunda capa de la creación.

81 Agrega la palabra clave nueva que está abajo a tu pizarra. Dile a cada niño que agregue la nueva palabra clave a sus separadores de palabras clave.

Espíritu de Dios (dibuja una nube morada y coloréala de amarillo)

Lee Génesis 1:2 en la página 138 en voz alta usando tu ayuda visual del Registro de Observaciones, mientras los estudiantes siguen la lectura y mencionan cada palabra clave. Luego marquen.

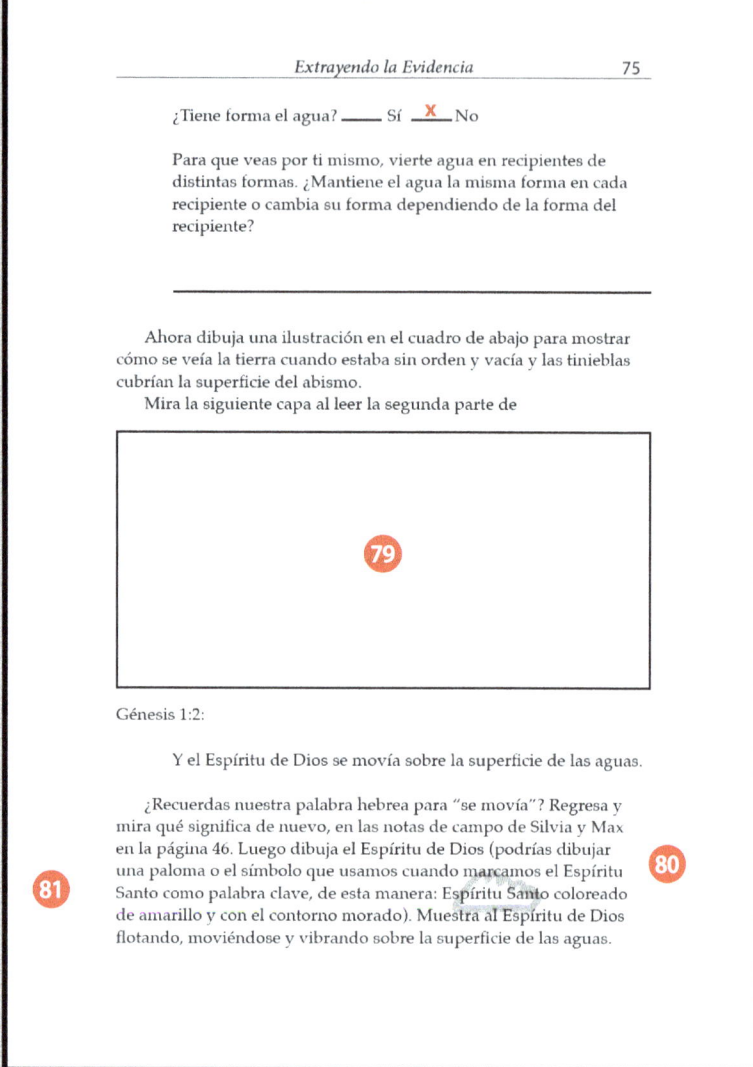

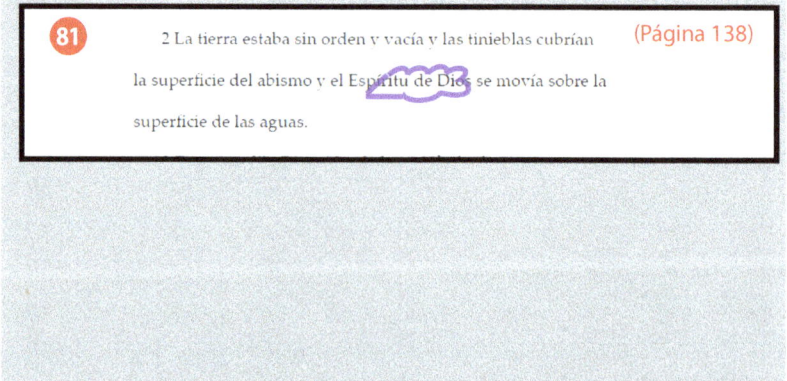

Guía de Instrucciones

Lee Génesis 1:3.

"Entonces dijo Dios: 'Sea la luz'. Y hubo luz".

Génesis 1:14-18 ¿QUÉ crea Dios en el cuarto día? Mira la página 139.
Sol, luna y estrellas

¿CUÁL es la luz en el Primer Día?

Busca y lee Apocalipsis 21:1-2, 23-25.

Dios crea cielos nuevos y tierra nueva después que Jesús regresa.

Discute al respecto. ¿Necesita la Nueva Jerusalén un sol o una luna? ¿POR QUÉ sí o no? **No los necesita porque la gloria de Dios la ilumina y su lumbrera es el Cordero.**

Guía de Instrucciones

¿De dónde viene la luz en el Día Uno? <u>De Dios.</u>

82 En el cuadro superior en la página 77, dibuja una figura de Génesis 1:3.

"Entonces dijo Dios: 'Sea la luz'. Y hubo luz".

83 En el cuadro inferior en la página 77, dibuja una figura de Génesis 1:4.

"Dios vio que la luz era buena; y Dios separó la luz de las tinieblas".

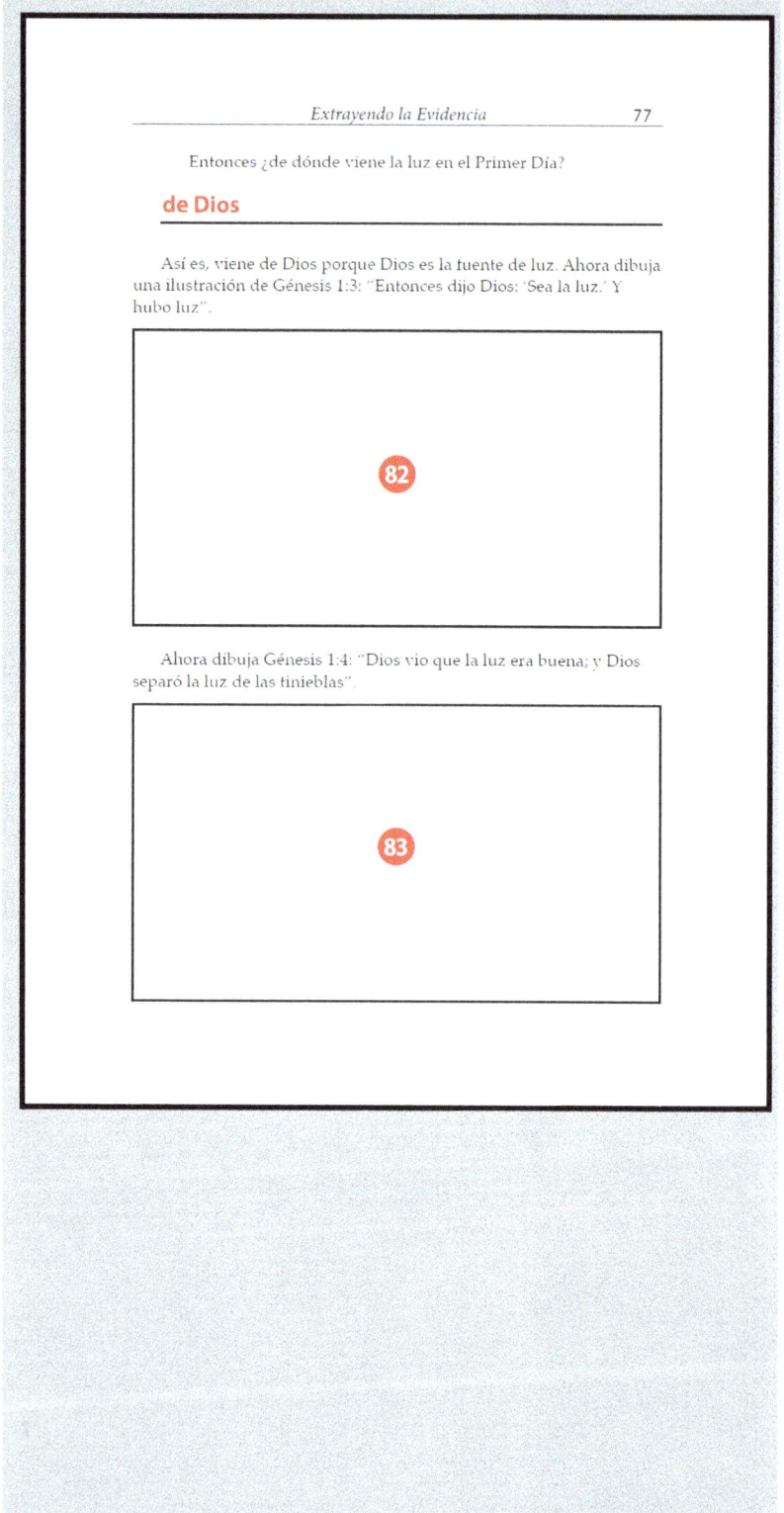

Guía de Instrucciones

 Lee la parte superior de la página 78. Resuelve los problemas matemáticos y usa la Tarjeta de Investigación para descifrar el verso bíblico. Luego copia este verso en una tarjeta para que lo memorices.

"Este es el

día que el

Señor ha hecho;

regocijémonos

y alegrémonos

en él".

Salmos 118:24

CUARTA SEMANA

¡Hiciste un gran trabajo dibujando todas las distintas capas en el primer día de la Creación! Ahora antes que retes a una carrera de vuelta al campamento a Silvia y Max, practica tus habilidades matemáticas para desenterrar el verso para memorizar de esta semana. Los arqueólogos necesitan buenas habilidades matemáticas para ayudarlos a medir su sitio de excavación, para saber la anchura y profundidad al excavar y para asegurarse que sus registros son precisos.

Así que afila esas habilidades matemáticas. Desentierra tu verso bíblico mirando las pistas bajo los espacios en blanco que están en tu tarjeta de investigación a continuación. Cada espacio en blanco tiene un problema matemático debajo de él. Resuelve cada problema y halla la respuesta en tu tarjeta de investigación. Escribe la letra que corresponde a la respuesta correcta en tu tarjeta en los espacios en blanco. Por ejemplo, si el problema matemático es 5x7, mira tu tarjeta de investigación y encuentra el número 35, que es la respuesta correcta al problema matemático de 5x7. Luego escribe la letra que corresponde al 35, la cual es la letra T, en el espacio en blanco debajo del cual se encuentra 5x7.

TARJETA DE INVESTIGACIÓN

A=6	B=8	C=10	D=12	E=14	F=16	G=18
H=9	I=15	J=21	K=24	L=27	M=20	N=28
Ñ=26	O=36	P=44	Q=48	R=25	S=30	T=35
U=40	V=45	W=50	X=55	Y=60	Z=49	

"E s t e   e s   e l
7x2 5x6 7x5 20-6   10+4 10x3   25-11 9x3

d í a   q u e   e l
3x4 5x3 3x2   12x4 25+15 8+6   5+9 35-8

S e ñ o r   h a   h e c h o,
22+8 7+7 13x2 6x6 5x5   3x3 2-4   18-9 3+11 7+3 2+7 12x3

r e g o c i j é m o n o s
19+6 21-7 9x2 29+7 21-11 9+6 7x3 22-8 5x4 41-5 14x2 10+26 18+12

y   a l e g r é m o n o s
10x6   1+5 18+9 25-11 3x6 31-6 7+7 41-21 4x9 36-8 27+9 15x2

e n   é l".
2+12 23+5   29-15 32-5

S a l m o s   118:24
15+15 8-2   3x9 4x5 6x6 10x3

Guía de Instrucciones

Extrayendo la Evidencia 109

Guía de Instrucciones

Nuestro Dios es un Dios asombroso. Él quiere que entiendas Su Palabra y se agrada que estés estudiando. Pídele que te dirija en este estudio.

85 Ve a la página 79 y lee "Dibujando nuestro Hallazgo".

86 Ve a la página 138 y lee Génesis 1:6-20, coloreando "expansión" de azul y encerrándola en un círculo morado.

(Página 79)

DIBUJANDO NUESTRO HALLAZGO

85

"¡Mmmmm! ¡Esos malvaviscos sí que estaban deliciosos anoche!"

"¡A mí también me gustaron, Max!" Me alegra mucho que el tío Jaime nos haya invitado a esta excavación. Jamás me di cuenta de cuántos detalles había en la Creación de Dios, hasta que empezamos a descubrirlos una capa a la vez. No puedo esperar para revelar la siguiente capa".

¿Qué hay de ti? ¿Estás listo para tomar esos lápices de colores y libretas de dibujo y comenzar a bosquejar el Segundo Día? ¡Qué bien! Entonces vamos a nuestro Registro de Observaciones en las páginas 138-139 y leamos Génesis 1:6-20. Marca cada lugar donde encuentres la palabra clave *expansión* en tu Registro de Observaciones, coloreándola de azul y dibujando un círculo morado a su alrededor, de esta manera: (expansión) (recuerda prestar atención a los pronombres).

86

6 Entonces dijo Dios: "Haya (expansión) (firmamento) en medio de las aguas y separe las aguas de las aguas."

(Página 138)

7 Dios hizo la (expansión) (el firmamento) y separó las aguas que *estaban* debajo de la (expansión) de las aguas que *estaban* sobre la (expansión). Y así fue.

8 Y Dios llamó a la (expansión) cielos. Y fue la tarde y fue la mañana: el segundo día.

REGISTRO DE OBSERVACIONES 139

9 Entonces dijo Dios: "Júntense en un lugar las aguas *que están* debajo de los cielos y que aparezca lo seco." Y así fue.

10 Dios llamó a lo seco "tierra," y al conjunto de las aguas llamó "mares." Y Dios vio que *era* bueno.

11 Entonces dijo Dios: "Produzca la tierra vegetación: hierbas que den semilla, y árboles frutales que den su fruto con su semilla sobre la tierra según su especie." Y así fue.

12 Y produjo la tierra vegetación: hierbas que dan semilla según su especie y árboles que dan su fruto con semilla, según su especie. Y Dios vio que *era* bueno.

Guía de Instrucciones

Responde las siguientes preguntas:

Génesis 1:6 ¿DÓNDE está la expansión? <u>En medio de las aguas.</u>

Génesis 1:7 ¿QUÉ separa la expansión? <u>Las aguas que estaban debajo de la expansión de las aguas sobre la expansión.</u>

Génesis 1:8 ¿CÓMO llama Dios a la expansión? <u>Cielos</u>

(Página 139)

13 Y fue la tarde y fue la mañana: el tercer día.

14 Entonces dijo Dios: "Haya lumbreras en la expansión de los cielos para separar el día de la noche y sean para señales y para estaciones y para días y *para años*;

15 y sean por luminarias en la expansión de los cielos para alumbrar sobre la tierra." Y así fue.

16 Dios hizo las dos grandes lumbreras, la lumbrera mayor para dominio del día y la lumbrera menor para dominio de la noche. *Hizo* también las estrellas.

17 Dios las puso en la expansión de los cielos para alumbrar sobre la tierra,

---

REGISTRO DE OBSERVACIONES

18 y para dominar el día y la noche y para separar la luz de las tinieblas. Y Dios vio que *era* bueno.

19 Y fue la tarde y fue la mañana: el cuarto día.

20 Entonces dijo Dios: "Llénense las aguas de multitudes de seres vivientes y vuelen las aves sobre la tierra en la abierta expansión de los cielos."

(Página 79)

Génesis 1:6 ¿DÓNDE está la expansión?
En medio de las aguas

CUARTA SEMANA

Génesis 1:6-7 ¿QUÉ separa la expansión?
Las aguas que estaban debajo de la expansión de las aguas sobre la expansión

Génesis 1:8 ¿CÓMO le llama Dios a la expansión?

Cielos

Extrayendo la Evidencia

(Página 80)

Ahora dibuja Génesis 1:6-7:

Entonces dijo Dios: "Haya expansión (firmamento) en medio de las aguas y separe las aguas de las aguas." Dios hizo la expansión (el firmamento) y separó las aguas que estaban debajo de la expansión de las aguas que estaban sobre la expansión. Y así fue.

"Y Dios llamó a la expansión cielos. Y fue la tarde y fue la mañana: el segundo día".

¡Te estás convirtiendo en un excelente artista! No olvides tu verso de memoria. Nos vemos mañana.

Guía de Instrucciones

87 Ve a la página 80 y dibuja una figura de Génesis 1:6-7. "Entonces dijo Dios: 'Haya expansión (firmamento) en medio de las aguas y separe las aguas de las aguas'".

Saca tu tarjeta con el verso para memorizar y practícalo con un compañero.

Guía de Instrucciones

La lección de hoy requiere mucha concentración. Pide a Dios que te ayude a mantenerte concentrado para que aprendas Su mensaje especial solo para ti en este día.

88 Ve a la página 81 y lee "Más Excavación".

Extrayendo la Evidencia   81

¡MÁS EXCAVACIÓN!

"¡Hola chicos! ¿Cómo les va?"

"Genial, tío Jaime. No hay duda de por qué te encanta ser un arqueólogo".

"Pensé en pasar por aquí y trabajar con ustedes en la siguiente capa. Por cierto, ¿dónde está Chispa? No lo he visto últimamente".

"Él está por allá tomando una siesta. Creo que tanta excavación lo ha dejado agotado".

"Bueno, vamos a trabajar mientras Chispa continúa durmiendo".

Ve a la página 138 de tu Registro de Observaciones de Génesis 1. Necesitamos que desentierres algunas palabras clave. Lee Génesis 1 y marca las siguientes palabras clave:

aguas   seco (tierra seca)

mares (coloréala de azul)   tierra (coloréala de café)

semilla (coloréala de verde)

Ahora saca tus notas de campo y haz una lista, registrando lo que aprendas sobre cada una de estas palabras clave, junto con la frase que marcaste en la Segunda Semana: *según su especie*.

Extrayendo la Evidencia

Registro de Observaciones

GÉNESIS 1-5

Capítulo 1

1 En el principio Dios creó los cielos y la tierra.

2 La tierra estaba sin orden y vacía y las tinieblas cubrían la superficie del abismo y el Espíritu de Dios se movía sobre la superficie de las aguas.

3 Entonces dijo Dios: "Sea la luz." Y hubo luz.

4 Dios vio que la luz *era* buena; y Dios separó la luz de las tinieblas.

5 Y Dios llamó a la luz día y a las tinieblas llamó noche. Y fue la tarde y fue la mañana: un día.

6 Entonces dijo Dios: "Haya expansión (firmamento) en medio de las aguas y separe las aguas de las aguas."

7 Dios hizo la expansión (el firmamento) y separó las aguas que *estaban* debajo de la expansión de las aguas que *estaban* sobre la expansión. Y así fue.

8 Y Dios llamó a la expansión cielos. Y fue la tarde y fue la mañana: el segundo día.

138

Guía de Instrucciones

89 Pide a tus estudiantes que agreguen las palabras clave abajo a su separador o escríbelas en el pizarrón de tu clase. Ve a la página 138 y lee Génesis 1 en voz alta usando tu ayuda visual del Registro de Observaciones, mientras los estudiantes siguen la lectura. Que tus estudiantes mencionen cada palabra clave cuando aparezca en la lectura, luego márquenlas juntos, tú en tu ayuda visual y ellos en sus libros.

Aguas (olas azules)

Mares (coloréalo de azul)

Semilla (dibuja una semilla verde)

Lo seco (picos de montañas café)

Tierra (colorea de café)

114 LA ASOMBROSA CREACIÓN DE DIOS - CUARTA SEMANA

Guía de Instrucciones

REGISTRO DE OBSERVACIONES 139

9 Entonces dijo Dios: "Júntense en un lugar las aguas *que están* debajo de los cielos y que aparezca lo 🔺🔺🔺." Y así fue.

10 Dios llamó a lo 🔺🔺🔺 "tierra," y al conjunto de las aguas llamó "mares." Y Dios vio que *era* bueno.

11 Entonces dijo Dios: "Produzca la tierra vegetación: hierbas que den semilla, y árboles frutales que den su fruto con su semilla sobre la tierra según su especie." Y así fue.

12 Y produjo la tierra vegetación: hierbas que dan semilla según su especie y árboles que dan su fruto con semilla, según su especie. Y Dios vio que *era* bueno.

13 Y fue la tarde y fue la mañana: el tercer día.

14 Entonces dijo Dios: "Haya lumbreras en la expansión de los cielos para separar el día de la noche y sean para señales y para estaciones y para días *y para años*;

15 y sean por luminarias en la expansión de los cielos para alumbrar sobre la tierra." Y así fue.

16 Dios hizo las dos grandes lumbreras, la lumbrera mayor para dominio del día y la lumbrera menor para dominio de la noche. *Hizo* también las estrellas.

17 Dios las puso en la expansión de los cielos para alumbrar sobre la tierra,

Guía de Instrucciones

> 140   Registro de Observaciones
>
> 18 y para dominar el día y la noche y para separar la luz de las tinieblas. Y Dios vio que *era* bueno.
>
> 19 Y fue la tarde y fue la mañana: el cuarto día.
>
> 20 Entonces dijo Dios: "Llénense las aguas de multitudes de seres vivientes y vuelen las aves sobre la tierra en la abierta expansión de los cielos."
>
> 21 Y Dios creó los grandes monstruos marinos y todo ser viviente que se mueve, de los cuales, según su especie, están llenas las aguas y toda ave según su especie. Y Dios vio que *era* bueno.
>
> 22 Dios los bendijo, diciendo: "Sean fecundos y multiplíquense y llenen las aguas en los mares y multiplíquense las aves en la tierra."
>
> 23 Y fue la tarde y fue la mañana: el quinto día.
>
> 24 Entonces dijo Dios: "Produzca la tierra seres vivientes según su especie: ganados, reptiles y animales de la tierra según su especie." Y así fue.
>
> 25 Dios hizo las bestias de la tierra según su especie y el ganado según su especie y todo lo que se arrastra sobre la tierra según su especie. Y Dios vio que *era* bueno.
>
> 26 Y dijo Dios (Padre, Hijo y Espíritu Santo): "Hagamos al hombre a Nuestra imagen, conforme a Nuestra semejanza; y ejerza dominio

Guía de Instrucciones

(90) Ve a la página 82 y completa los versos en las Notas de Campo.

Aguas:

Génesis 1:2 El Espíritu de Dios se movía sobre la superficie de las aguas.

Génesis 1:6-7 Haya expansión en medio de las aguas y separe las aguas debajo de la expansión de las aguas sobre la expansión.

Génesis 1:9 Júntense las aguas debajo de los cielos en un lugar.

Génesis 1:10 Dios llamó mares al conjunto de las aguas.

Génesis 1:20 Llénense las aguas de multitudes de seres vivientes.

Génesis 1:22 Llenen las aguas en los mares.

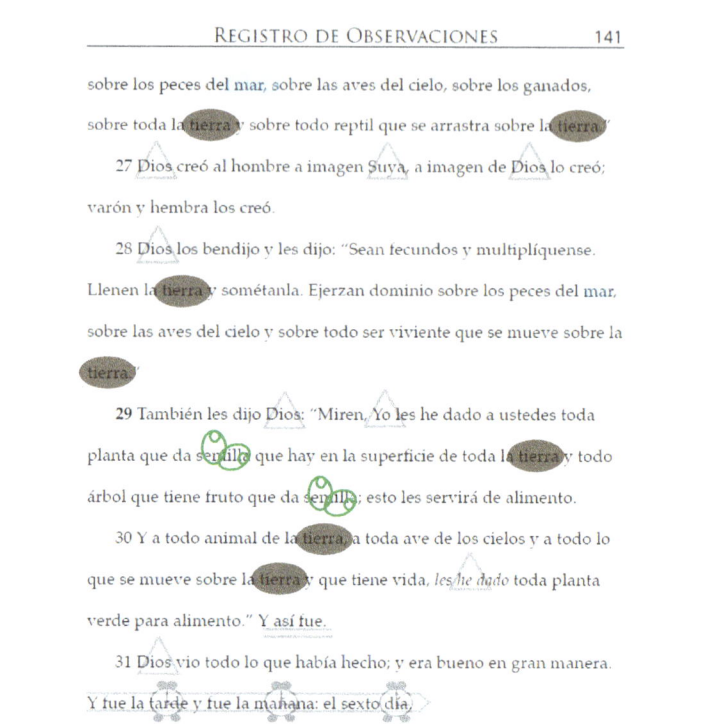
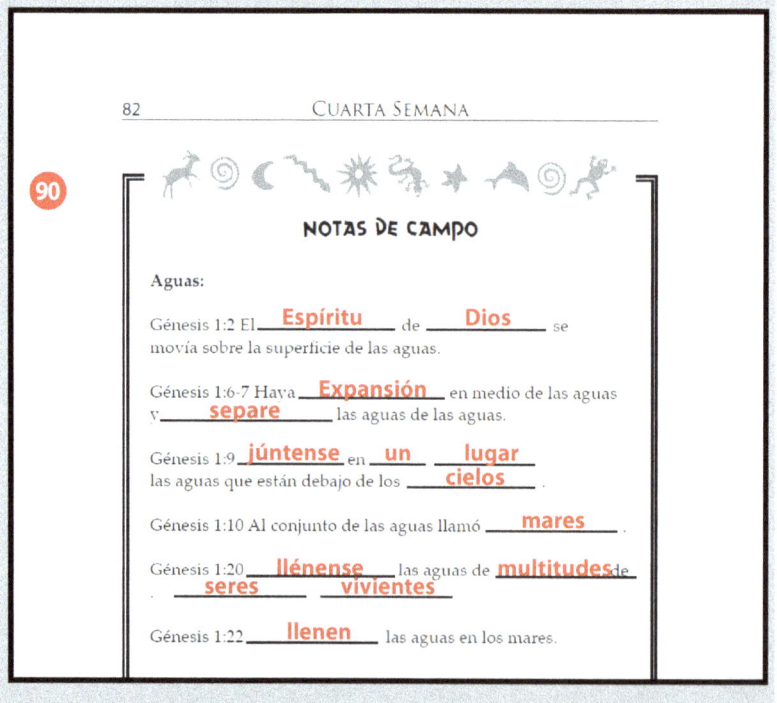

Extrayendo la Evidencia

Mares:

Génesis 1:10 Dios...al __conjunto__ de las __aguas__ llamó "mares."

Seco:

Génesis 1:9 Entonces dijo Dios: "Júntense en un lugar las aguas...y que __en un__ __solo__ __lugar__.

Génesis 1:10 Dios llamó a lo seco __tierra__.

(Página 82)

Tierra:

Génesis 1:1 Dios creó la __tierra__.

Génesis 1:2 La tierra estaba __sin__ __orden__ y __vacía__.

Génesis 1:11 Produzca la tierra __vegetación__; __hierbas__ que den semilla, y __árboles__ __frutales__ según su especie.

Génesis 1:20 __vuelen__ las __aves__ sobre la tierra.

Génesis 1:22 __multiplíquense__ las __aves__ en la tierra.

Génesis 1:24 Produzca la tierra;
a. __seres__ __vivientes__ según su especie
b. __ganado__
c. __lo que se arrastra__
d. __bestias__ de la tierra según su especie

Génesis 1:26 el __hombre__ ejerza dominio sobre toda la tierra

Génesis 1:28 Sean __Fecundos__ y __multiplíquense__ __llenen__ la tierra y __sométanla__.

Semilla:

Génesis 1:11-12 La tierra produjo __vegetación__; __hierbas__ que den semilla y __árboles__ __frutales__ que den su __fruto__ con su semilla, __según__ __su__ __especie__.

(Página 83)

Guía de Instrucciones

Mares:

Génesis 1:10 Dios llamó mares al <u>conjunto</u> de las <u>aguas</u>.

Lo seco:

Génesis 1:9 Dios dijo: "Júntense las aguas <u>en un</u> <u>solo</u> <u>lugar</u>".

Génesis 1:10 Dios llamó <u>tierra</u> a lo seco.

Tierra:

Génesis 1:1 Dios creó la <u>tierra</u>.

Génesis 1:2 La tierra estaba <u>sin</u> <u>orden</u> y <u>vacía</u>.

Génesis 1:11 La tierra produce <u>vegetación</u>, <u>hierbas</u> que dan semilla y <u>árboles</u> <u>frutales</u> según su especie.

Génesis 1:20 <u>Vuelen</u> las <u>aves</u> sobre la tierra.

Génesis 1:22 <u>Multiplíquense las aves</u> sobre la tierra.

Génesis 1:24 Produzca la tierra:

a. <u>seres</u> <u>vivientes</u> según su especie
b. <u>ganado</u>
c. <u>todo</u> <u>lo que</u> <u>se</u> <u>arrastra</u>
d. <u>bestias</u> de la tierra según su especie

Génesis 1:26 El <u>hombre</u> debe ejercer dominio sobre toda la tierra.

Génesis 1:28 El hombre debe <u>llenar</u> la tierra y <u>someterla</u> y ejercer <u>dominio</u> sobre ella.

Semilla:

Génesis 1:11-12 La tierra produjo <u>vegetación</u>: <u>hierbas</u> que dan semilla y <u>árboles</u> <u>frutales</u> que dan su <u>fruto</u> con su semilla, <u>según</u> <u>su</u> <u>especie</u>.

Guía de Instrucciones

Según su especie:

Génesis 1:11-12 Dios hizo <u>árboles</u> <u>frutales</u> que dan su <u>fruto</u> según su especie.

Génesis 1:12 Dios hizo <u>hierbas</u> que dan <u>semilla</u> según su especie.

Génesis 1:21 Dios creó los grandes <u>monstruos marinos</u> y todo <u>ser</u> <u>viviente</u> que se mueve, de los cuales según su especie, están llenas las <u>aguas</u> y toda <u>ave</u> según su especie.

Génesis 1:24-25 Dios hizo los <u>seres</u> <u>vivientes</u> según su especie: <u>ganado</u> y <u>todo</u> <u>lo</u> <u>que</u> <u>se</u> <u>arrastra</u> y las <u>bestias</u> de la <u>tierra</u> según su especie.

¡Vaya! Has hecho un maravilloso trabajo al enfocarte en la Palabra de Dios y aprendiendo hechos sobre Su creación. Dios se complace en tu perseverancia.

CUARTA SEMANA

Según su especie:

Génesis 1:11-12 Dios hizo **árboles frutales** que dan su **fruto** según su especie.

Génesis 1:12 Dios hizo **hierbas** que dan **semilla** según su especie.

Génesis 1:21 Dios creó los grandes **monstruos marinos** y todo **ser viviente** que se mueve, de los cuales, según su especie, están llenas las **aguas** y toda **ave** según su especie.

Génesis 1:24-25 Dios hizo **seres** vivientes según su especie: **ganado**, y **bestias** de la **tierra** según su especie.

¡Qué buena excavación! Mañana usaremos nuestras notas de campo al hacer nuestros dibujos para el tercer día de la Creación. Ahora al dirigirte a la tienda comedor, practica tu verso para memorizar con Silvia y Max. ¿Por qué no se lo cantas al Señor?

Guía de Instrucciones

Pide a Dios que aclare cualquier pregunta que venga a tu mente sobre Su creación.

91 Ve a la página 84 y lee "Nuevos Bosquejos".

92 Lee Génesis 1:9-10.

"Entonces dijo Dios: 'Júntense en un lugar las aguas que están debajo de los cielos y que aparezca lo seco'. Y así fue. Dios llamó a lo seco 'tierra' y al conjunto de las aguas llamó 'mares'. Y Dios vio que era bueno".

Hoy los mares se encuentran en muchos lugares. Discute sobre esto. ¿Qué gran evento de Génesis 7 pudo haber cambiado la tierra? (El diluvio)

93 Dibuja Génesis 1:9-10 en el cuadro de la página 85.

Guía de Instrucciones

94 Lee Génesis 1:12.

"Y produjo la tierra vegetación: hierbas que dan semilla según su especie y árboles que dan su fruto con semilla, según su especie. Y Dios vio que era bueno".

95 Dibuja una figura de Génesis 1:12 en el cuadro de la página 86.

Lee el resto de las notas en la página 86. Selecciona una de las actividades para hacer con tus estudiantes.

Guía de Instrucciones

Estás comenzando la última lección de la semana. Pide a Dios que aclare cualquier malentendido y te sumerja más en Su Palabra.

 Ve a la página 87 y lee "Revelando otra Capa".

Génesis 1:14-15 Lista las seis razones por las que Dios nos dio las lumbreras:

1. Separar el día de la noche

2. Señales

3. Estaciones

4. Día

5. Años

6. Alumbrar la tierra

Extrayendo la Evidencia 87

REVELANDO OTRA CAPA

"¡Oye Silvia! ¿Adivina qué? Ya que este es nuestro último día de trabajo de la semana, el tío Jaime nos llevará al pueblo en la tarde".

"¡Hurra! ¡No puedo esperar! Pero vaya, nuestro verano sí que pasa rápido."

"Seguro que sí, ¡pero qué aventura! Mira todo lo que hemos aprendido hasta ahora. ¡Hemos hecho algunos grandes descubrimientos!"

"¡Veamos qué descubrimos ahora! Vamos, Chispa. Oh no, ¿dónde está Chispa?"

"Ahí está por la tienda olfateando pistas. ¡Mejor nos apuramos!" Únete a Silvia y a Max mientras Chispa nos guía a nuestra siguiente aventura en el Cuarto Día de la Creación de Dios. Chispa ha olfateado las pistas que necesitamos. Así que mantén tus ojos abiertos para descubrir el propósito de Dios para este día de la Creación. Para seguir la primera pista de Chispa, lee Génesis 1:14-19 en la página 139. Marca la palabra clave *lumbreras* en tu Registro de Observaciones, coloreándola de amarillo, junto con cualquier pronombre y sinónimo que le corresponda.

¿Recuerdas por qué Dios creó estas lumbreras cuando las vimos en la Segunda Semana? Hagamos una lista de las seis razones que Dios nos da para las lumbreras:

1. Separar el día de la noche
2. Señales
3. Estaciones
4. Día
5. Años
6. Alumbrar la tierra

Guía de Instrucciones

¿CUÁL es el nombre de la lumbrera que gobierna el día? El sol

¿QUÉ lumbrera gobierna la noche? La luna

¿CÓMO se llaman las otras lumbreras que Él hizo? Estrellas

¿DÓNDE están estas lumbreras? En los cielos

¿CÓMO llegaron allí? Por la Palabra de Dios. Dios las hizo y las puso en la expansión.

¿CUÁNTAS estrellas crees que hay?

Salmos 19:1 ¿PARA QUÉ son los cielos? Declarar la gloria de Dios.

Salmos 147:4 ¿QUÉ hace Dios? Él cuenta las estrellas y las nombra.

CUARTA SEMANA

¿CUÁL es el nombre de la lumbrera mayor que domina el día?

Sol

¿CUÁL es la lumbrera menor que domina la noche?

La Luna

¿CUÁLES son las otras lumbreras que Él también hizo?

Estrellas

¿DÓNDE están estas luces?

En los cielos

¿CÓMO llegaron a estar ahí?

Por la Palabra de Dios. Dios las hizo y las puso en la expansión

¿Acaso puedes ver a Dios colocando a cada estrella en su lugar exacto? ¿CUÁNTAS estrellas crees que hay?

Dios puso a cada una donde Él quiso ponerlas. ¿No es eso asombroso?

Lee el salmo 19:1. ¿Para QUÉ sirven los cielos?

Declarar la gloria de Dios

Lee el salmo 147:4. ¿QUÉ hace Dios?

Él cuenta las estrellas y las nombra

> Vemos que Dios creó todas las maravillas en los cielos, que cuentan de Su gloria.
>
> ¿Alguna vez deberíamos revisar nuestros horóscopos, consultar con psíquicos o estudiar las estrellas para obtener dirección para nuestras vidas? Veamos qué dice la Biblia sobre esto. Busca y lee Deuteronomio 4:19.
>
> ¿QUÉ advertencia ofrece Dios en este verso?
>
> **No ser impulsado a adorarlas o servirles**
>
> Lee Deuteronomio 17:2-7.
> ¿QUÉ sucedía con la persona que adoraba y servía al sol, la luna, las estrellas y las huestes celestiales?
>
> **Apedrearlos hasta que mueran**
>
> Dios tuvo un propósito al crear las lumbreras, pero no era para que el hombre las adorara y las sirviera. No debemos adorar lo que Dios ha creado. Solo debemos adorar a nuestro Creador. La creación de Dios debía contar de Su gloria para dirigirnos hacia Él, el Creador, quien es el Único digno de nuestra adoración y alabanza.
>
> Así que ten cuidado y cuídate de esas cosas que desvían tu atención de Dios, como leer horóscopos o llamar a psíquicos por ayuda. Recuerda las consecuencias de Deuteronomio 17:5. Debemos buscar a Dios, no a Su creación, para obtener dirección para nuestras vidas.
>
> Ahora lee Génesis 1:14-18 de nuevo y dibuja esta maravillosa creación.
>
>> Entonces dijo Dios: "Haya lumbreras en la expansión de los cielos para separar el día de la noche y sean para señales y para estaciones y para días y para años; y sean por luminarias en la expansión de los cielos para alumbrar sobre la tierra." Y así fue. Dios hizo las dos grandes lumbreras, la lumbrera mayor para dominio del día y la lumbrera menor para

Guía de Instrucciones

Deuteronomio 4:19 ¿QUÉ advertencia da Dios en este verso? <u>No ser impulsado a adorarlas o servirles.</u>

Deuteronomio 17:2-7 ¿QUÉ ordenó Dios a Su pueblo a hacer con la gente que adoraba y servía al sol, la luna, las estrellas o las huestes celestiales? <u>Apedrearlos hasta que mueran.</u>

Lee las notas en las páginas 89-91 y dirige una discusión.

Guía de Instrucciones

97 Lee Génesis 1:14-18 y haz un dibujo sobre la creación en el cuadro de la página 90.

> Pero ya sea que salgas a caminar, leas un libro o visites un planetario, recuerda por qué Dios creó estas lumbreras: para separar el día de la noche, para alumbrar sobre la tierra, para señales para las estaciones, días y años ¡y para señales que nos muestren la gloria de Dios! ¡Así que agradécele a Dios por estas maravillosas lumbreras que nos muestran qué tan asombroso es Él!
>
> Ahora ¿aprendiste tu verso para memorizar de esta semana? Cántalo a todo volumen, luego dirígete hacia el Jeep. El tío Jaime llevará a Max, Silvia y Chispa a la ciudad por más provisiones y helado para celebrar un trabajo bien hecho.

Guía de Instrucciones

Has completado exitosamente un estudio de la Palabra de Dios. Él está muy complacido contigo. Prepárate para profundizar más en Su creación en la siguiente lección.

Si eres un maestro de aula querrás tomarles el verso para memorizar como lección a tus estudiantes. Además hay una lección de la Cuarta Semana en la página 179 para evaluar la memorización y comprensión.

Querrás repasar todos los días de la creación jugando el *Juego de Dibujar* en la página 184.

Guía de Instrucciones

QUINTA SEMANA

Continuarás profundizando en Génesis 1 porque hay tantos detalles que Dios quiere mostrarte.

Pide a Dios que ande contigo en cada paso del camino, al profundizar en Su Palabra.

98 Ve a la página 93 y lee "Génesis 1" y "Dibujando la Siguiente Capa".

99 Ve a la página 140 y lee Génesis 1:20-22 para responder las siguientes preguntas:

GÉNESIS 1

¡Ese fue un gran viaje a la ciudad! Pero ahora es tiempo de volver al trabajo. Ben (nuestro artista de la excavación) necesita que terminemos los dibujos de los días de la creación en esta semana. Estos dibujos nos han ayudado realmente a ver todos los detalles en cada día de la Creación. ¿Qué hay de ti? Ahora sabemos por qué una excavación arqueológica tiene a un artista. Es para que los arqueólogos puedan capturar los detalles de cada hallazgo al descubrirlo. Así que empecemos. Reunámonos con los equipos de excavación para orar y luego nos dirigiremos de vuelta a Génesis 1.

DIBUJANDO LA SIGUIENTE CAPA

98 Vamos a nuestro Registro de Observaciones en las páginas 139-140 y leamos Génesis 1:20-22. Antes de hacer nuestro dibujo, veamos qué tiene Dios que decir sobre este quinto día de la Creación.

¿QUÉ crea Dios en las aguas?

_____

93

---

99 20 Entonces dijo Dios: "Llénense las aguas de multitudes de seres vivientes y vuelen las aves sobre la tierra en la abierta expansión de los cielos." (Página 140)

21 Y Dios creó los grandes monstruos marinos y todo ser viviente que se mueve, de los cuales, según su especie, están llenas las aguas y toda ave según su especie. Y Dios vio que *era* bueno.

22 Dios los bendijo, diciendo: "Sean fecundos y multiplíquense y llenen las aguas en los mares y multiplíquense las aves en la tierra."

Guía de Instrucciones

¿QUÉ crea Dios en las aguas? <u>Multitudes de seres vivientes (v. 20); grandes monstruos marinos y todo ser viviente (v. 21).</u>

¿CÓMO fueron creados? ¿CUÁL es la frase clave? <u>Según su especie.</u>

¿QUÉ creó Dios en la abierta expansión de los cielos? <u>Toda ave según su especie.</u>

¿QUÉ les dijo Dios cuando los bendijo? (v. 22) <u>Sean fecundos y multiplíquense y llenen las aguas y los mares. Multiplíquense las aves en la tierra.</u>

1 Corintios 15:38-39.

"Pero Dios le da un cuerpo como Él quiso y a cada semilla su propio cuerpo. No toda carne es la misma carne, sino que una es la de los hombres, otra la de las bestias, otra la de las aves y otra la de los peces".

¿Es toda carne lo mismo? <u>No</u>

⑩ Lee el material en las páginas 94-95. Discute sobre el significado de "según su propia especie" y sobre el ADN como el diseño de Dios para cada ser vivo.

Guía de Instrucciones

101 Lee Génesis 1:21-23 en las páginas 95-96. Haz un dibujo de estos versos en el cuadro de la página 96.

Continuando Nuestra Expedición 95

ÁCIDO DESOXIRRIBONUCLÉICO

¿Sabías que todo ser vivo, incluyendo las plantas, los animales y los seres humanos, está formado por células?

Existe un promedio de 75 trillones de células en el cuerpo de un ser humano promedio. Y cada célula tiene tanto como 200 trillones de grupos de átomos llamados moléculas protéicas.

La molécula más grande en una célula en la molécula de ADN, que son las siglas para ácido desoxirribonucléico.

¿Por qué es importante el ADN? Porque el ADN es la razón por la que todos los seres vivos solo pueden reproducirse según su especie. Las moléculas de ADN llevan toda la información necesaria para procrear plantas, animales o seres humanos. Y todos los seres vivos obtienen su ADN de sus padres.

El ADN no determina solamente si un ser vivo es una planta, un animal o un ser humano. También determina si eres un chico o una chica, el color de tus ojos, el color de tu piel, tu estatura y contextura y cualquier otra característica física que viene de tus padres.

El ADN nunca cambia, incluso en la división de una célula.

Así que al examinar el ADN, podemos ver que nuestro Dios es un Maestro Diseñador. Solo Dios tiene la inteligencia para crear algo tan complejo como el ADN, lo cual hace que cada ser vivo sea capaz de reproducirse según su especie. Ya sea que es una planta, una criatura marina o un ave, los padres dan su ADN a sus crías. El ADN hace que sea imposible que un ave le dé los genes a su cría para que sea un pez, ya que no lleva los genes para ser un pez. Solo puede pasar los genes para hacer otra ave.

Ahora lee Génesis 1:21-23 y dibújalo.

> Y Dios creó los grandes monstruos marinos y todo ser viviente que se mueve, de los cuales, según su especie, están llenas las aguas y toda ave según su especie. Y

Guía de Instrucciones

Esta es una gran oportunidad para investigar. Sigue las instrucciones al final de la página 96. Lleva libros sobre la tierra, mar y las criaturas voladoras.

Recuadro de la página 96 — Quinta Semana

Dios vio que era bueno. Dios los bendijo, diciendo: "Sean fecundos y multiplíquense y llenen las aguas en los mares y multiplíquense las aves en la tierra."

[101]

Y fue la tarde y fue la mañana: el quinto día.

Examinar más de cerca la creación de Dios de las criaturas marinas será un poco más difícil ya que no puedes simplemente salir a tu patio y mirarlos, a menos que vivas en el océano. Pero puedes visitar un acuario si hay uno en tu ciudad. O si no tienes un acuario, podrías obtener un libro de la librería y leer sobre todas las diferentes zonas oceánicas y cómo Dios hizo a cada criatura marina para que fuera adecuada a la zona en la que vive, según cómo Él hizo su cuerpo, cómo encuentra su alimento y cómo se protege a sí mismo de sus enemigos.

Las aves serán mucho más fáciles de observar. Haz un comedero de aves. Coge una piña y cúbrela con mantequilla de maní y báñala de alpiste. Pega un trozo de hilo o de cordel en la parte superior y déjala colgar afuera cerca de una ventana para que puedas observar a las aves mientras comen. O construye una pajarera sencilla y mira a las aves hacerse un nido, poner sus huevos y tener sus crías (pero no esperes que tengan peces bebés). Existen muchas maneras diferentes de observar la creación de Dios en acción.

Guía de Instrucciones

 En la página 97, encontrarás el verso para memorizar de esta semana. Sigue las flechas y escribe el verso en una tarjeta.

"Dios creó al hombre a imagen Suya, a imagen de Dios lo creó; varón y hembra los creó".

Génesis 1:27

Lee el verso para memorizar tres veces en voz alta con un compañero.

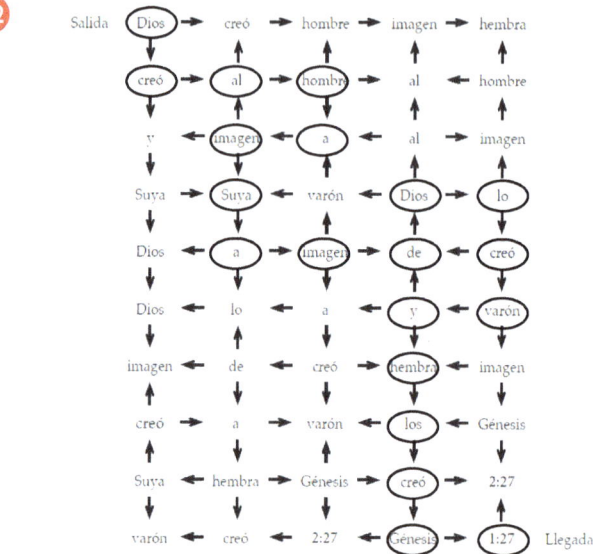

Guía de Instrucciones

Este es el último día de la Creación. Pide a Dios que te guíe por los hechos sobre el sexto día y todo lo que Dios creó en él.

103 Ve a la página 98 y lee "Buscando Pistas".

104 Lee Génesis 1:24-26 en la página 140.

¿QUÉ crea Dios y CÓMO? <u>Ganado, todo lo que se arrastra y bestias de la tierra según su especie.</u>

105 Dibuja esta creación en el cuadro de la página 98.

Si tienes la oportunidad, visita un zoológico y observa los atributos únicos de cada ser vivo.

Guía de Instrucciones

Continuando Nuestra Expedición   99

Ahora escoge una manera de observar la creación de Dios en acción. Visita un zoológico y mira todos los diferentes animales que Dios ha creado. O ve afuera y mira los animales que se arrastran como un gusano, una oruga o un caracol. Acaricia a un perro o un gato. ¿No es asombroso cómo Dios hizo animales que fueran adecuados para sus ambientes particulares (como los osos polares que tienen un pelaje lindo, grueso y blanco para mantenerlos abrigados y ayudarles a armonizar con sus alrededores)?

Ahora vamos a la fogata. El tío Jaime nos dejará comer salchichas asadas esta noche. Antes de comenzar a asar esas salchichas, necesitamos hacer una cosa más. ¿Puedes adivinar qué es? Así es, necesitamos practicar nuestro verso para memorizar. ¡Así que empecemos! ¡Esas salchichas huelen bastante bien!

Guía de Instrucciones

Hoy Dios termina Su creación. El hombre es creado en este día. Pide a Dios que te llene con un sentimiento de reverencia a causa de Su cuidado para crearnos. Lee "*Los Bocetos Finales*".

🟠 106 Lee Génesis 1:26-31 en las páginas 140-141 en voz alta mientras tus estudiantes mencionan la palabra clave a continuación y márquenla de naranja junto con sus pronombres.

Hombre (coloréalo de naranja) (ustedes, les, varón, hembra)

"Y dijo Dios (Padre, Hijo y Espíritu Santo): 'Hagamos al *hombre* a Nuestra imagen, conforme a Nuestra semejanza; y ejerza dominio sobre los peces del mar, sobre las aves del cielo, sobre los ganados, sobre toda la tierra y sobre todo reptil que se arrastra sobre la tierra'" (v.26).

"Dios creó al *hombre* a imagen Suya, a imagen de Dios *lo* creó; *varón* y *hembra* los creó" (v. 27).

134 — La Asombrosa Creación de Dios - Quinta Semana

Guía de Instrucciones

Discute sobre las palabras hombre, él, varón, hembra.

107 Completa las Notas de Campo en la página 100.

Hombre:

Génesis 1:26-27

Dios dijo: "<u>Hagamos</u> al hombre".

El hombre es hecho a <u>Su</u> <u>imagen</u>, conforme a Su semejanza.

El hombre debía <u>ejercer dominio</u> sobre los peces del mar y sobre las aves, el ganado y todo lo que se arrastra sobre la tierra.

Génesis 1:28

Dios <u>bendijo</u> al hombre. Dios dijo al hombre: "Sean <u>fecundos</u> y <u>multiplíquense</u>. <u>Llenen</u> la tierra y <u>sométanla</u>. <u>Ejerzan</u> dominio sobre los peces del mar, sobre las aves del cielo y sobre todo ser viviente que se mueve sobre la tierra".

Génesis 1:29

Dios dijo: "Yo les he dado a ustedes toda <u>planta</u> que da semilla…y todo <u>árbol</u> que tiene fruto que da semilla; esto les servirá de <u>alimento</u>".

(Página 141)

29 También les dijo Dios: "Miren, Yo les he dado a ustedes toda planta que da semilla que hay en la superficie de toda la tierra y todo árbol que tiene fruto que da semilla; esto les servirá de alimento.

30 Y a todo animal de la tierra, a toda ave de los cielos y a todo lo que se mueve sobre la tierra y que tiene vida, *les he dado* toda planta verde para alimento." Y así fue.

31 Dios vio todo lo que había hecho; y era bueno en gran manera. Y fue la tarde y fue la mañana: el sexto día.

(Página 100)

Ahora hagamos una lista para nuestras notas de campo, de todo lo que veamos sobre el hombre.

NOTAS DE CAMPO

Hombre:
Génesis 1:26-27 Dios dijo: "<u>hagamos</u> al hombre".

El hombre es hecho a <u>su</u> <u>imagen</u>, conforme a Su semejanza.

El hombre debe <u>ejercer</u> <u>dominio</u> sobre los peces del mar, sobre las aves del cielo, sobre los ganados, sobre toda la tierra y sobre todo reptil que se arrastra sobre la tierra.

Génesis 1:28 Dios <u>bendijo</u> al hombre. Dios dijo al hombre: "Sean <u>fecundos</u> y <u>multiplíquense</u>. <u>Llenen</u> la tierra y <u>ejerzan</u> <u>dominio</u> sobre los peces del mar, sobre las aves del cielo y sobre todo ser viviente que se mueve sobre la tierra".

Génesis 1:29 Dios dijo: "Yo les he dado a ustedes toda <u>planta</u> que da semilla…y todo <u>árbol</u> que tiene fruto que da semilla; esto les servirá de <u>alimento</u>.

Ahora dibuja Génesis 1:26-27:

Y dijo Dios: "Hagamos al hombre a Nuestra imagen, conforme a Nuestra semejanza; y ejerza dominio sobre los peces del mar, sobre las aves del cielo, sobre los ganados, sobre toda la tierra y sobre todo reptil que se arrastra sobre

Continuando Nuestra Expedición

Continuando Nuestra Expedición 101

la tierra." Dios creó al hombre a imagen Suya, a imagen de Dios lo creó; varón y hembra los creó.

[108]

"Y fue la tarde y fue la mañana: el sexto día".

Ahora lee Génesis 2:1 y dibuja nuestra última ilustración.

Así fueron acabados los cielos y la tierra y todas sus huestes (todo lo que en ellos hay).

Muestra cómo se veía la tierra una vez que la Creación de Dios estaba completa.

[109]

---

102   QUINTA SEMANA

"En el séptimo día ya Dios había completado la obra que había estado haciendo y reposó en el día séptimo de toda la obra que había hecho".

¡Lo hiciste! ¡Completaste todos los dibujos para nuestra excavación de cada día de la Creación! ¡Estamos muy orgullosos de ti! Ahora ve y toma un vaso grande y helado de limonada y relájate en la sombra.

Guía de Instrucciones

(108) Realiza un dibujo de Génesis 1:26-27 (arriba) en el cuadro superior de la página 101.

(109) Lee Génesis 2:1 y dibújalo en el cuadro inferior de la página 101.

"Así fueron acabados los cielos y la tierra y todas sus huestes".

Dale gracias a Dios por tener el privilegio de estudiar Su Palabra y poder conocer sobre Su creación.

Guía de Instrucciones

Los siguientes dos días descubrirás la diferencia entre lo que el hombre dice que ocurrió y lo que Dios hizo. Son historias diferentes.

Pide a Dios que aclare Su mensaje para que no caigas en las falsas proclamaciones del hombre sobre cómo se originó la existencia de la tierra y todos los seres vivos.

Antes de comenzar este estudio, saca la primera tarjeta del verso para memorizar y léela en voz alta con todos: 2 Timoteo 3:16-17.

"Toda Escritura es inspirada por Dios"; es "soplada por Dios", esto significa que vino directamente de Dios para el hombre.

🟠110 Ve a las páginas 102-106 y lee "Una Tarea Especial" en voz alta con tus estudiantes. Discute al avanzar en estas páginas. Por ejemplo:

¿Creen todas las personas que Dios creó la tierra y todo su contenido?

¿Cuáles son algunas teorías contrarias a la Palabra de Dios? Evolución, el "Big-Bang".

Diferencia de tiempo. Los geólogos creen que el universo se formó y volvió a formarse durante eones de tiempo. La Palabra de Dios dice que Dios creó el universo en seis días.

Los fósiles y Carbono-14.

El hombre evolucionó de una sola célula.

(Página 102)

UNA TAREA ESPECIAL

"Hola, chicos, ¿qué están haciendo?"

Silvia respondió al tío Jaime: "Solo nos alistábamos para ir al sitio de excavación para nuestra siguiente tarea".

"Antes de hacerla, tengo una tarea especial para ustedes. Han estado trabajando tan duro estudiando, haciendo un mapa del lugar, excavando, desenterrando evidencia y dibujando bocetos, que quiero que se tomen algo de tiempo hoy para pensar en todo lo que han descubierto hasta ahora".

"¿Qué quieres decir, tío Jaime?" preguntó Max.

"Bueno, sé que ustedes dos han oído diferentes ideas en la escuela sobre cómo esta tierra y todo en ella llegaron a existir. ¿Han notado que la evidencia que hemos desenterrado va contra algunas de las ideas de los hombres?"

"Sí, justo estábamos hablando de eso anoche, ¿verdad Max?"

"Bien", respondió el tío Jaime, "me alegra que estén pensando y comparando notas. ¿Por qué no comenzamos con esta tarea especial?"

Pasemos los siguientes dos días examinando lo que el hombre dice que pudo haber sucedido y comparémoslo con lo que Dios dice que ocurrió. Solo porque algo está impreso en un libro de ciencias, no significa que sea un hecho. La verdadera ciencia no contradice lo que la Biblia dice. Muchas ideas que los científicos tienen sobre la datación

Continuando Nuestra Expedición 103

de la superficie de la tierra y de cómo se creó la tierra no son hechos comprobados, sino solamente teorías.

Una teoría es una suposición, una predicción, una estimación sobre lo que sucedió. ¿Tenemos que adivinar lo que sucedió en el principio o nos lo dice Dios en Su Palabra? Si no creemos que lo que Dios nos dice tan claramente en Génesis 1 es verdad, entonces ¿cómo podemos creer cualquier otra cosa en Su Palabra? Recuerda nuestro primer verso que memorizamos, 2 Timoteo 3:16-17: "Toda Escritura es inspirada por Dios"; es "soplada por Dios", que significa que viene directamente de Dios para el hombre. Entonces si no podemos confiar lo que la Palabra de Dios dice, ¿podemos confiar en Dios? Tenemos que decidir a quién le vamos a creer: al Dios todopoderoso, omnipotente o al hombre que comete errores.

Antes que veamos cómo los científicos creen que la tierra comenzó a existir y cómo ellos datan la tierra, recuerda que no todos los científicos creen lo mismo. Existen muchos científicos cristianos que creen que este mundo llegó a existir justo como Dios lo dijo en Génesis 1. Además hay muchos científicos que no creían en Dios, pero a medida que estudiaron ciencias, se dieron cuenta que este universo solo pudo haber sido creado por un Dios todopoderoso y se convirtieron en cristianos.

Guía de Instrucciones

(Página 103)

Ahora que sabemos que no todos los científicos creen lo mismo, veamos cómo otros científicos que no creen que Dios creó la tierra, creen que el universo se originó.

La gente que cree que la tierra ocurrió en un periodo de tiempo, que fue solo por casualidad y actos de la naturaleza que nos trajeron a existencia, son llamados *naturalistas*. Los naturalistas creen en la evolución. La evolución es una teoría (predicción, supuesto) que la tierra y todo en ella llegaron a existir por casualidad o por accidente.

Una de las teorías de los evolucionistas es la Teoría del Big Bang. La Teoría del Big Bang dice que toda la materia en el universo fue metida en una caliente, giratoria bola de energía que explotó. Las piezas volaron y se convirtieron en galaxias, el sol, la luna y las estrellas.

QUINTA SEMANA

¿Alguna vez has visto una explosión en la televisión o en una película? ____ Sí ____ No

¿Fue el resultado de la explosión orden o desorden? _____

¿Tiene sentido que nuestra tierra bella y ordenada, pudiera ser creada de una explosión? ¿Una explosión crea o destruye?

No solo que algunos científicos creen que la tierra llego a existir por una gran explosión, sino que también creen que la tierra no podría haber sido creada en seis días como la Biblia dice, por la geología de la tierra.

La geología es el estudio del origen, historia y estructura de la tierra. Los científicos miran los cañones, montañas, volcanes, cascadas y cuevas y piensan que una enorme cantidad de tiempo tuvo que pasar para que estas maravillas pudieran ser formadas.

Pero la gente que cree en la Biblia recuerda que un evento importante ocurrió en Génesis 7 (el diluvio), el cual fue una catástrofe tan grande que tuvo un efecto tremendo sobre la geología de la tierra y pudo haber causado que los cañones y cascadas se formaran muy rápidamente.

Los científicos también estudian fósiles que son hallados. Ellos utilizan diferentes métodos para descubrir qué tan viejo podría ser un fósil. ¿Sabías que los científicos han fechado algunos fósiles como de millones de años de antigüedad? ¿Es eso posible en base a lo que hemos aprendido en la Biblia?

Un método que los científicos utilizan para descubrir qué tan antiguo podría ser un fósil es llamado la prueba de carbono 14. ¿QUÉ es la datación de carbono 14 y es confiable? Revisa las notas de campo de Silvia y Max.

Guía de Instrucciones

Continuando Nuestra Expedición   105

CARBONO 14

Cuando la luz solar o la luz de las estrellas impactan la atmósfera, esta produce un carbono radioactivo llamado el carbono 14 (C-14). Estos átomos de carbono radioactivo se aferran a una molécula de oxígeno y se convierten en dióxido de carbono. Las plantas absorben dióxido de carbono, el cual contiene este carbono radioactivo (C-14). Luego los animales comen las plantas. Cuando comemos plantas y animales, ingerimos un poco de este carbono radioactivo en nuestros cuerpos.

Cuando muere una planta o un animal, deja de tomar nuevo C-14 y cualquier C-14 que tiene dentro, comienza a descomponerse. Alrededor de la mitad se descompone en aproximadamente 5736 años. El tiempo que se toma la mitad de una cantidad de un elemento radioactivo para descomponerse es alrededor de la mitad de su vida. Así que si encuentras un fósil y pruebas cuánto carbono tiene y solo tiene la mitad que el fósil original tenía, podrías decir que tiene 5736 años.

Debido a que hay muy poco del elemento radioactivo restante después de diez medias vidas más o menos (5736 x 10 = 57.360 años), el C-14 solo puede fechar las cosas más jóvenes que 60.000 años. No puede determinar que algo tiene millones de años, ya que no puede fechar más allá de miles de años.

La datación de carbono también supone que las concentraciones de C-14 en la atmósfera siempre han sido lo que son en la actualidad. Pero esto podría no ser cierto, ya que la atmósfera cambió después del diluvio (aprenderemos sobre el diluvio en Génesis, Parte Dos). Realmente no sabemos cuánto C-14 había antes del diluvio.

Estos problemas con la prueba de carbono nos muestran que no es un método totalmente confiable para usar en la datación de animales, plantas y fósiles.

Los evolucionistas también creen que una vez que la tierra fue creada a partir del big bang, entonces una sola célula de millones de años de materia sin vida fue cambiada hasta que se desarrolló en seres

Guía de Instrucciones

(Reproducción de página 106 — Quinta Semana:)

como los peces, las aves y los animales. Ellos creen que el hombre evolucionó (se desarrolló gradualmente) desde una criatura de una sola célula hasta que se desarrolló en un animal con un cerebro, ojos, orejas y nariz.

Guía de Instrucciones

 Ve a la página 107 y responde las preguntas en base a la Palabra de Dios.

Génesis 1:26-27 ¿CÓMO hizo Dios al hombre?
A imagen Suya.

Discute para responder las siguientes preguntas. ¿Es posible que un ave tenga un pez como cría? ¿Por qué sí o no?

Lee la nota en la página 107. Discute al respecto. ¿QUIÉN no quiere que nosotros creamos que Dios creó los cielos y la tierra y todo lo que hay en ella?

Lee Génesis 3:5: "Pues Dios sabe que el día que de él coman, se les abrirán los ojos y ustedes serán como Dios, conociendo el bien y el mal". ¡Esta es la mentira de Satanás!

Guía de Instrucciones

Lee los versos seleccionados de Romanos 1:18-32 para responder las preguntas en la página 108.

Romanos 1:18 ¿CÓMO se siente Dios respecto a los hombres que restringen la verdad? La ira de Dios se revela contra los hombres impíos que restringen la verdad con injusticia.

Romanos 1:19-20 ¿CÓMO hace Dios evidente la verdad para el hombre? Por medio de la creación.

Romanos 1:20 ¿Nos muestra Dios claramente QUIÉN es Él en la creación? ¿QUÉ vemos sobre Dios al ver lo que Él hizo? Sus atributos invisibles y naturaleza divina.

Romanos 1:20 ¿Tenemos excusa si no creemos en Dios? ¡No!

Discute esto.

Romanos 1:21-22 ¿QUÉ sucede si no honramos a Dios o le damos gracias? Nuestros corazones son entenebrecidos y nos haremos necios.

Romanos 1:25 ¿En lugar de QUÉ cambió el hombre la verdad? Una mentira

Romanos 1:25 ¿QUÉ adoraron? La criatura en lugar del Creador.

Discute del tema. Si crees la teoría de la evolución del hombre, ¿QUÉ cosa has cambiado en lugar de la verdad? Una mentira y estás adorando a la criatura en lugar del Creador.

Practica el verso para memorizar con un amigo: Génesis 1:27.

Este estudio ha sido bastante fuerte y lleno de muchas ideas. Pide a Dios que te mantenga concentrado en Su Palabra, no en las mentiras de los hombres.

Guía de Instrucciones

Dios te mostrará más de la verdad de Su Palabra para que estés firmemente cimentado. Pídele que abra tus ojos para comprender Su Palabra.

🔴 Ve a la página 109 y lee "Más Evidencia".

🔴 Lee los versos en las páginas 109-111 para completar las Notas de Campo.

Dios:

Job 12:9 La <u>mano</u> del Señor <u>ha</u> <u>hecho</u> esto.

Job 12:10 En Su mano está la <u>vida</u> de <u>todo</u> <u>ser</u> <u>viviente</u> y el <u>aliento</u> de todo ser humano.

Jeremías 32:17 Dios hizo los <u>cielos</u> y la <u>tierra</u> con Su <u>gran</u> <u>poder</u> y Su brazo <u>extendido</u>. <u>Nada</u> es <u>imposible</u> para Dios.

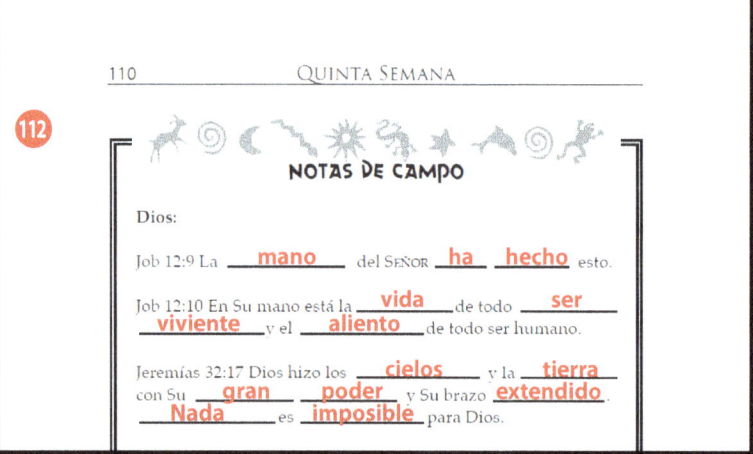

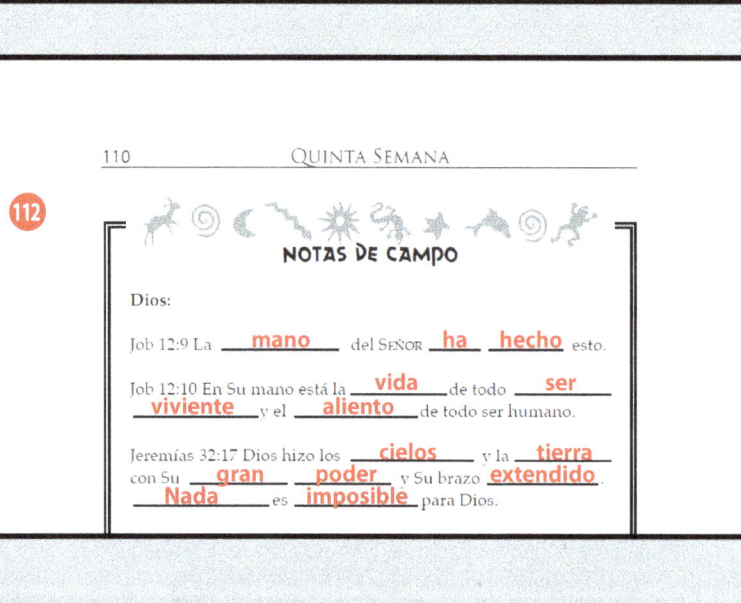

Continuando Nuestra Expedición 143

Isaías 40:22 Dios está __sentado__ sobre la __redondez__ de la __tierra__ y __extiende__ los cielos como una cortina.

Isaías 40:26 Dios creó los __estrellas__ y los llama por su __nombre__.

Isaías 40:28 Dios es el Dios __eterno__ el __Señor__, el __creador__ de los confines de la tierra. Él no se __fatiga__ ni se __cansa__.

Isaías 45:11 El Señor es el __Santo__ de Israel y su __hacedor__.

Isaías 45:12 Yo __hice__ la __tierra__ y creé al hombre sobre ella. Yo __extendí__ los cielos con __mis__ __manos__ y di __ordenes__ a todo su ejército.

Isaías 51:13 El Señor, tu __Hacedor__, extendió los cielos y __puso__ los __cimientos__ de la __tierra__.

Isaías 66:2 Todo esto lo __hizo__ Mi __mano.__

(Página 110)

Continuando Nuestra Expedición 111

Ahora de toda la evidencia que has reunido en la Palabra de Dios, ¿está claro QUIÉN es el Hacedor, el Creador de los cielos y la tierra y de todo lo que están en ellos?

¡Sí! Dios nos muestra muy claramente que Él es el Creador. Nosotros vemos Su gloria en todo lo que Él creó e hizo. La gran pregunta es: ¿creeremos que lo que dice la Palabra de Dios es verdad o trataremos de averiguar las cosas por nuestra cuenta y seremos engañados por una mentira?

Has desenterrado la evidencia en Génesis y en otros pasajes de la Escritura. ¿Se alinea lo que crees con la Palabra de Dios?
____ Sí ____ No

Guía de Instrucciones

Isaías 40:22 Dios está sentado sobre la redondez de la tierra y extiende los cielos como una cortina.

Isaías 40:26 Dios creó las estrellas y las llama por su nombre.

Isaías 40:28 Dios es el Dios eterno, el Señor, el creador de los confines de la tierra. Él no se fatiga ni se cansa.

Isaías 45:11 El Señor es el Santo de Israel y su Hacedor.

Isaías 45:12 Yo hice la tierra y creé al hombre sobre ella. Yo extendí los cielos con Mis manos y di órdenes a todo su ejército.

Isaías 51:13 El Señor, tu Hacedor, extendió los cielos y puso los cimientos de la tierra.

Isaías 66:2 Todo esto lo hizo Mi mano.

Guía de Instrucciones

Discute sobre estos versos y sobre cómo los estudiantes se sienten ahora que ellos han leído la historia de Dios sobre la creación. Respondan la pregunta: ¿Qué vas a hacer?" cada uno por su cuenta.

Dale gracias a Dios por dirigirte en este estudio. Él está muy complacido por tu deseo de aprender más sobre Él y tener una relación con Él.

Si eres un maestro de aula querrás tomarles el verso para memorizar como lección a tus estudiantes. Además hay una lección de la Quinta Semana en la página 179 para evaluar la memorización y comprensión.
Puedes jugar para repasar todo lo que los niños han aprendido.

(Página 111)

Si no es así, ¿vas a cambiar tus creencias por las de Dios? ¿Permitirás que Su Palabra te entrene en Su justicia? Esto significa dejar que la Escritura te de la instrucción adecuada y te corrija, para que puedas ser justo y tener una relación correcta con Dios. ¿O escogerás hacer las cosas a tu manera?
Escribe QUÉ harás.

_____

Al dejar el sitio de excavación en este día, dile tu verso para memorizar a un adulto y compárte con él o ella los maravillosos descubrimientos que has hecho sobre Dios. Luego dale gracias a Él por hacerte a Su imagen.

6
CIRNIENDO LA TIERRA

GÉNESIS 2

"¡Vaya, Max! ¡Fue tan asombroso ver cómo las Escrituras nos muestran una y otra vez quién hizo los cielos y la tierra y todo lo que hay en ella!"

"Seguro que sí, Silvia y hay muchos más pasajes de las Escrituras que podemos buscar. Todo lo que tenemos que hacer es estudiar la Palabra de Dios porque Dios quiere que Lo conozcamos a Él y Sus planes para nosotros".

"¡No puedo esperar! El tío Jaime nos dijo que nos veamos con él en el hoyo donde botamos la tierra que cavamos. Me pregunto ¿qué nos enseñará ahora?"

"No lo sé, pero pongamos la correa a Chispa y vayamos a averiguarlo".

CONVIRTIÉNDOSE EN TAMIZADORES

"¡Oye, Chispa! ¿Dónde estás, muchacho? ¡Ven aquí, Chispa! ¡Ven, chico! Buen perro. Vamos a encontrar al tío Jaime en el hoyo de tierra. Espera, Chispa, anda más despacio. ¿Qué pasa contigo?"

113

Guía de Instrucciones

SEXTA SEMANA

¡Qué emocionante estudio! Has pasado cinco semanas en Génesis 1, aprendiendo sobre el diseño de Dios y la creación del mundo en el que vives.

Pide a Dios que continúe dándote entendimiento sobre lo que pasó después de la creación. (Esto te llevará a través de Génesis 2).

🔴 Ve a la página 113 y lee "Génesis 2" y "Convirtiéndose en Tamizadores" en la misma página.

Guía de Instrucciones

Sexta Semana

"Sé por qué está alocado, Max. Acabaste de decir hoyo de tierra y sabes cuánto ama Chispa la tierra".

"¡Oh no! Ayúdame, Silvia, antes que Chispa deje el campamento hecho un desastre".

¿Por qué no vas hacia el hoyo de tierra y dejas que el tío Jaime sepa que Silvia, Max y Chispa están en camino? ¡Oh mira! Aquí vienen ahora. ¡Toma la correa de Chispa y detengámoslo!

¡Buen trabajo! Ahora estamos listos para orar y luego el tío Jaime nos dará nuestra nueva tarea.

El tío Jaime nos enseñará cómo convertirnos en tamizadores esta semana. Un tamizador es alguien que cierne la tierra del hoyo, para asegurarse que ningún objeto diminuto que pueda ser difícil de ver, se pase por alto. Para cernir la tierra necesitamos un tamiz. Derramaremos la tierra que hemos recogido en un tamiz y luego sacudiremos el tamiz de un lado al otro para hacer que la tierra se filtre a través de los pequeños agujeros en el tamiz. Cualquier objeto pequeño que pudiéramos pasar por alto, será recogido en el tamiz mientras que la tierra pasará por medio de los agujeros. ¿No suena eso divertido?

Cirniendo el Suelo 147

> **24** Entonces dijo Dios: "Produzca la tierra seres vivientes según su especie; ganados, reptiles y animales de la tierra según su especie." Y así fue.
>
> **25** Dios hizo las bestias de la tierra según su especie y el ganado según su especie y todo lo que se arrastra sobre la tierra según su especie. Y Dios vio que *era* bueno.
>
> **26** Y dijo Dios (Padre, Hijo y Espíritu Santo): "Hagamos al hombre a Nuestra imagen, conforme a Nuestra semejanza; y ejerza dominio
>
> (Página 140)

> REGISTRO DE OBSERVACIONES 141
>
> sobre los peces del mar, sobre las aves del cielo, sobre los ganados, sobre toda la tierra y sobre todo reptil que se arrastra sobre la tierra."
>
> **27** Dios creó al hombre a imagen Suya, a imagen de Dios lo creó; varón y hembra los creó.
>
> **28** Dios los bendijo y les dijo: "Sean fecundos y multiplíquense. Llenen la tierra y sométanla. Ejerzan dominio sobre los peces del mar, sobre las aves del cielo y sobre todo ser viviente que se mueve sobre la tierra."
>
> **29** También les dijo Dios: "Miren, Yo les he dado a ustedes toda planta que da semilla que hay en la superficie de toda la tierra y todo árbol que tiene fruto que da semilla; esto les servirá de alimento.
>
> **30** Y a todo animal de la tierra, a toda ave de los cielos y a todo lo que se mueve sobre la tierra y que tiene vida, *les he dado* toda planta verde para alimento." Y así fue.
>
> **31** Dios vio todo lo que había hecho; y era bueno en gran manera. Y fue la tarde y fue la mañana: el sexto día.

Guía de Instrucciones

 Ve al Registro de Observaciones comenzando en la página 140 y lee Génesis 1:24-2:25 en voz alta mientras los estudiantes siguen la lectura.

Guía de Instrucciones

Capítulo 2 (Página 141)

1 Así fueron acabados los cielos y la tierra y todas sus huestes (todo lo que en ellos hay).

---

142 REGISTRO DE OBSERVACIONES

2 En el séptimo día ya Dios había completado la obra que había estado haciendo y reposó en el día séptimo de toda la obra que había hecho.

3 Dios bendijo el séptimo día y lo santificó, porque en él reposó de toda la obra que Él había creado y hecho.

4 Estos son los orígenes de los cielos y de la tierra cuando fueron creados, el día en que el SEÑOR Dios hizo la tierra y los cielos.

5 Aún no había ningún arbusto del campo en la tierra, ni había aún brotado ninguna planta del campo, porque el SEÑOR Dios no había enviado lluvia sobre la tierra, ni había hombre para labrar la tierra.

6 Pero se levantaba de la tierra un vapor que regaba toda la superficie del suelo.

7 Entonces el SEÑOR Dios formó al hombre del polvo de la tierra y sopló en su nariz el aliento de vida y fue el hombre un ser viviente.

8 Y el SEÑOR Dios plantó un huerto hacia el oriente, en Edén y puso allí al hombre que había formado.

9 El SEÑOR Dios hizo brotar de la tierra todo árbol agradable a la vista y bueno para comer. Asimismo, en medio del huerto, hizo brotar el árbol de la vida y el árbol del conocimiento (de la ciencia) del bien y del mal.

REGISTRO DE OBSERVACIONES 143

10 Del Edén salía un río para regar el huerto y de allí se dividía y se convertía en *otros* cuatro ríos.

11 El nombre del primero es Pisón. Este es el que rodea toda la tierra de Havila, donde hay oro.

Guía de Instrucciones

(Página 143)

12 El oro de aquella tierra es bueno; allí hay bedelio y ónice.

13 El nombre del segundo río es Gihón. Este es el que rodea la tierra de Cus.

14 El nombre del tercer río es Tigris. Este es el que corre al oriente de Asiria. Y el cuarto río es el Éufrates.

15 El Señor Dios tomó al hombre y lo puso en el huerto del Edén para que lo cultivara y lo cuidara.

16 Y el Señor Dios ordenó al hombre: "De todo árbol del huerto podrás comer,

17 pero del árbol del conocimiento (de la ciencia) del bien y del mal no comerás, porque el día que de él comas, ciertamente morirás."

18 Entonces el Señor Dios dijo: "No es bueno que el hombre esté solo; le haré una ayuda adecuada."

19 Y el Señor Dios formó de la tierra todo animal del campo y toda ave del cielo, y *los* trajo al hombre para ver cómo los llamaría. Como el hombre llamó a cada ser viviente, ése fue su nombre.

---

144   REGISTRO DE OBSERVACIONES

20 El hombre puso nombre a todo ganado y a las aves del cielo y a todo animal del campo, pero para Adán no se encontró una ayuda que fuera adecuada para él.

21 Entonces el Señor Dios hizo caer un sueño profundo sobre el hombre, y *éste* se durmió. Y *Dios* tomó una de sus costillas y cerró la carne en ese lugar.

22 De la costilla que el Señor Dios había tomado del hombre, formó una mujer y la trajo al hombre.

23 Y el hombre dijo:

"Esta es ahora hueso de mis huesos,

Y carne de mi carne.

Ella será llamada mujer,

Porque del hombre fue tomada."

24 Por tanto el hombre dejará a su padre y a su madre y se unirá a su mujer y serán una sola carne.

25 Ambos estaban desnudos, el hombre y su mujer, pero no se avergonzaban.

Guía de Instrucciones

(117) Responde las preguntas en las páginas 115-116.

Génesis 1:24-31 ¿QUÉ fue creado en el sexto día? Seres vivientes, ganado, todo lo que se arrastra, bestias de la tierra y el hombre y la mujer.

Génesis 1:26-27 ¿CÓMO fue creado el hombre? A imagen de Dios.

(118) Lee la información sobre las palabras hebreas usadas para imagen y semejanza.

Génesis 1:26 ¿Sobre QUÉ le dijo Dios al hombre que debía gobernar?

a. Peces del mar

b. Aves

c. Ganado

d. Toda la tierra

e. Todo lo que se arrastra

116 SEXTA SEMANA

En Génesis 2:1-3 ¿vemos los cielos y la tierra fueron QUÉ?

fueron completados

Génesis 2:2-3 ¿QUÉ hizo Dios en el séptimo día?
Dios completó Su obra, Él reposó de toda Su obra y luego bendijo el séptimo día y lo santificó

Al leer Génesis 2:4-25, ¿QUÉ está haciendo Dios?
hizo que se levantara un vapor que regaba toda la superficie de la tierra, creó al hombre y la mujer, puso al hombre como gobernante sobre toda la creación

Ya que vimos que Dios terminó Su creación en Génesis 1:1-2:3, ¿es este un registro diferente de la Creación que en Génesis 2:4-25? ¡No! Génesis 1 nos da un panorama, una gran ilustración de Dios creando al hombre y en Génesis 2:4-25 vemos a Dios completando los detalles de Su Creación.

Así que leamos Génesis 2 una vez más y marquemos las siguientes palabras clave de una manera especial:

Dios (el SEÑOR Dios) —dibuja un triángulo morado y coloréalo de amarillo)

tierra (coloréala de café)   árbol

huerto   hombre (coloréalo de naranja)

mujer (coloréala de rosado)

¡Buen trabajo! Antes que dejemos el hoyo de tierra, tamicemos nuestro nuevo verso para memorizar. Viendo tu tamiz a continuación, necesitas cernir todas las palabras que son un tipo de tierra: *arena*, *barro*, *lodo* y *sedimento*. Al cernir la tierra, tacha cada una de estas palabras en tu tamiz.

Guía de Instrucciones

Génesis 2:1-3 ¿QUÉ dicen estos versos sobre los cielos y la tierra? <u>Fueron completados.</u>

Génesis 2:2-3 ¿QUÉ hizo Dios en el séptimo día? <u>Dios completó Su obra. Él reposó de toda Su obra y luego bendijo el séptimo día y lo santificó.</u>

Génesis 2:4-25 ¿QUÉ hace Dios? <u>Hizo que se levantara un vapor que regaba toda la superficie de la tierra.</u>

<u>Creó al hombre y la mujer.</u>

<u>Puso al hombre como gobernante de toda la creación.</u>

🔴119 Ve a la página 141 y lee Génesis 2 en voz alta usando tu ayuda visual del Registro de Observaciones mientras los estudiantes siguen la lectura y mencionan cada palabra clave. Luego márquenlas juntos como lo indicamos en la página 44. Agrega cualquier palabra clave nueva que esté en la siguiente lista a tu separador de palabras clave.

Dios (Señor Dios-dibuja un triángulo morado y coloréalo de amarillo)

Tierra (coloréala de café)

Huerto (dibuja una vid verde)

Mujer (coloréala de rosado)

Árbol (dibuja un árbol)

Hombre (coloréalo de naranja)

DÓNDE (subráyalo con doble línea de color verde)

CUÁNDO (dibuja un reloj verde sobre las palabras que denoten tiempo)

Guía de Instrucciones

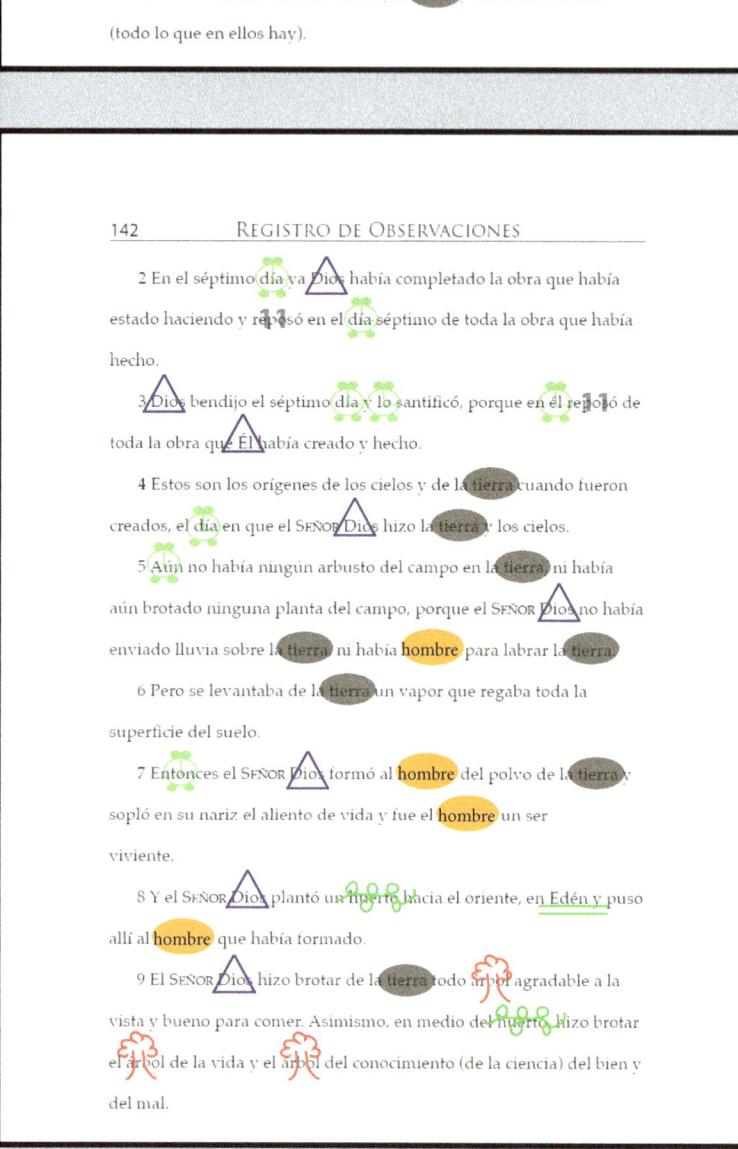

Guía de Instrucciones

(Página 143)

12 El oro de aquella tierra es bueno; allí hay bedelio y ónice.

13 El nombre del segundo río es Gihón. Este es el que rodea la tierra de Cus.

14 El nombre del tercer río es Tigris. Este es el que corre al oriente de Asiria. Y el cuarto río es el Éufrates.

15 El SEÑOR Dios tomó al hombre y lo puso en el huerto del Edén para que lo cultivara y lo cuidara.

16 Y el SEÑOR Dios ordenó al hombre: "De todo árbol del huerto podrás comer,

17 pero del árbol del conocimiento (de la ciencia) del bien y del mal no comerás, porque el día que de él comas, ciertamente morirás."

18 Entonces el SEÑOR Dios dijo: "No es bueno que el hombre esté solo; le haré una ayuda adecuada."

19 Y el SEÑOR Dios formó de la tierra todo animal del campo y toda ave del cielo, y *los* trajo al hombre para ver cómo los llamaría. Como el hombre llamó a cada ser viviente, ése fue su nombre.

---

144   REGISTRO DE OBSERVACIONES

20 El hombre puso nombre a todo ganado y a las aves del cielo y a todo animal del campo, pero para Adán no se encontró una ayuda que fuera adecuada para él.

21 Entonces el SEÑOR Dios hizo caer un sueño profundo sobre el hombre, y *éste* se durmió. Y Dios tomó una de sus costillas y cerró la carne en ese lugar.

22 De la costilla que el SEÑOR Dios había tomado del hombre, formó una mujer y la trajo al hombre.

23 Y el hombre dijo:

"Esta es ahora hueso de mis huesos,

Y carne de mi carne.

Ella será llamada mujer,

Porque del hombre fue tomada."

24 Por tanto el hombre dejará a su padre y a su madre y se unirá a su mujer y serán una sola carne.

25 Ambos estaban desnudos, el hombre y su mujer, pero no se avergonzaban.

Guía de Instrucciones

 Ve a la página 117 y cierne las palabras en cursiva para descubrir el verso para memorizar.

Porque Tú formaste mis entrañas;

me hiciste en el seno de mi madre.

Te daré gracias, porque asombrosa y

maravillosamente he sido hecho;

maravillosas son Tus obras

y mi alma lo sabe muy bien.

Salmos 139:13-14

Practica el verso para memorizar tres veces seguidas. Mira si puedes repetirlo de memoria con un amigo.

Cirniendo el Suelo

(Página 118)

REGISTRANDO NUESTRO HALLAZGO

"Silvia, no olvides tus notas de campo", dijo Max mientras él cerraba su mochila. "Vamos a registrar nuestros hallazgos hoy".

"Las tengo justo aquí, Max. Veamos: cantimploras, linternas, lápices, cuadernos y los diarios. ¿Hay algo más que necesitemos?"

"Creo que esto es todo excepto por Chispa. Ahora ¿en dónde se metió?"

Mientras Silvia y Max comenzaron a buscar por el campamento, el tío Jaime llegó con un Chispa jadeante. "Chispa tuvo una pequeña aventura con un ave mientras inspeccionaba el sitio de excavación esta mañana. ¿Por qué no lo toman y se dirigen al *h-o-y-o d-e t-i-e-r-r-a*?"

"Me gusta cómo deletreaste el *hoyo de tierra*, tío Jaime", susurró Max. "¿Temes que Chispa tenga otra corrida frenética si lo mencionas?"

"Puedes apostar que sí. Y una corrida frenética por día es básicamente todo lo que puedo manejar", bromeó el tío Jaime. "Nos vemos en el hoyo".

"Vamos, Max" dijo Silvia riéndose, "antes de que Chispa se meta en más problemas".

Ahora al dirigirnos de vuelta al hoyo de tierra, ve a la página 141 de tu Registro de Observaciones y lee Génesis 2 de nuevo. Luego saca esas notas de campo y registra lo que encontraste al cernir la tierra en Génesis 2. Haz una lista de lo que descubras sobre Dios y el hombre en tus notas de campo a continuación.

Guía de Instrucciones

Hoy vas a examinar las Escrituras para aprender más sobre la creación de Dios.

Pide a Dios que te dirija a un claro entendimiento de Su mensaje para ti.

121 Ve a la página 118 y lee "Registrando nuestro Hallazgo".

Guía de Instrucciones

122 Lee Génesis 2 comenzando en la página 141 y usa estos versos para completar las Notas de Campo en las páginas 119-120.

Capítulo 2 (Página 141)

1 Así fueron acabados los cielos y la tierra y todas sus huestes (todo lo que en ellos hay).

---

142   Registro de Observaciones

2 En el séptimo día ya Dios había completado la obra que había estado haciendo y reposó en el día séptimo de toda la obra que había hecho.

3 Dios bendijo el séptimo día y lo santificó, porque en él reposó de toda la obra que Él había creado y hecho.

4 Estos son los orígenes de los cielos y de la tierra cuando fueron creados, el día en que el Señor Dios hizo la tierra y los cielos.

5 Aún no había ningún arbusto del campo en la tierra, ni había aún brotado ninguna planta del campo, porque el Señor Dios no había enviado lluvia sobre la tierra, ni había hombre para labrar la tierra.

6 Pero se levantaba de la tierra un vapor que regaba toda la superficie del suelo.

7 Entonces el Señor Dios formó al hombre del polvo de la tierra y sopló en su nariz el aliento de vida y fue el hombre un ser viviente.

8 Y el Señor Dios plantó un huerto hacia el oriente, en Edén y puso allí al hombre que había formado.

9 El Señor Dios hizo brotar de la tierra todo árbol agradable a la vista y bueno para comer. Asimismo, en medio del huerto, hizo brotar el árbol de la vida y el árbol del conocimiento (de la ciencia) del bien y del mal.

Registro de Observaciones   143

10 Del Edén salía un río para regar el huerto y de allí se dividía y se convertía en otros cuatro ríos.

11 El nombre del primero es Pisón. Este es el que rodea toda la tierra de Havila, donde hay oro.

Guía de Instrucciones

(Página 143)

12 El oro de aquella tierra es bueno; allí hay bedelio y ónice.

13 El nombre del segundo río es Gihón. Este es el que rodea la tierra de Cus.

14 El nombre del tercer río es Tigris. Este es el que corre al oriente de Asiria. Y el cuarto río es el Éufrates.

15 El Señor Dios tomó al hombre y lo puso en el huerto del Edén para que lo cultivara y lo cuidara.

16 Y el Señor Dios ordenó al hombre: "De todo árbol del huerto podrás comer,

17 pero del árbol del conocimiento (de la ciencia) del bien y del mal no comerás, porque el día que de él comas, ciertamente morirás."

18 Entonces el Señor Dios dijo: "No es bueno que el hombre esté solo; le haré una ayuda adecuada."

19 Y el Señor Dios formó de la tierra todo animal del campo y toda ave del cielo, y *los* trajo al hombre para ver cómo los llamaría. Como el hombre llamó a cada ser viviente, ése fue su nombre.

---

144   Registro de Observaciones

20 El hombre puso nombre a todo ganado y a las aves del cielo y a todo animal del campo, pero para Adán no se encontró una ayuda que fuera adecuada para él.

21 Entonces el Señor Dios hizo caer un sueño profundo sobre el hombre, y *éste* se durmió. Y *Dios* tomó una de sus costillas y cerró la carne en ese lugar.

22 De la costilla que el Señor Dios había tomado del hombre, formó una mujer y la trajo al hombre.

23 Y el hombre dijo:

"Esta es ahora hueso de mis huesos,

Y carne de mi carne.

Ella será llamada mujer,

Porque del hombre fue tomada."

24 Por tanto el hombre dejará a su padre y a su madre y se unirá a su mujer y serán una sola carne.

25 Ambos estaban desnudos, el hombre y su mujer, pero no se avergonzaban.

Guía de Instrucciones

Dios:

Génesis 2:2 Dios completó Su obra.

Él reposó en el séptimo día.

Génesis 2:3 Dios bendijo el séptimo día y lo santificó.

Génesis 2:4 El Señor Dios hizo la tierra y los cielos.

Génesis 2:5 El Señor Dios no había enviado lluvia sobre la tierra.

Génesis 2:7 El Señor Dios formó al hombre y sopló aliento en su nariz el aliento de vida.

Génesis 2:8 El Señor Dios plantó un huerto y puso al hombre en el huerto.

Génesis 2:9 El Señor Dios hizo que brotara un árbol.

Génesis 2:15 El Señor Dios tomó al hombre y lo puso en el huerto para que lo cultivara y cuidara.

Génesis 2:16 El Señor Dios ordenó al hombre.

Génesis 2:18 El Señor Dios hizo al hombre una ayuda adecuada.

Génesis 2:19 El Señor Dios formó a todo animal del campo y aves del cielo y los trajo al hombre para ver cómo los llamaría.

Génesis 2:21 El Señor Dios hizo caer un sueño profundo sobre el hombre; luego Dios tomó una de sus costillas.

Génesis 2:22 El Señor Dios formó a una mujer de la costilla que había tomado del hombre.

Cirniendo el Suelo

120 — SEXTA SEMANA

Hombre:

Génesis 2:7 Dios **formó** al hombre del **polvo** de la **tierra** y **sopló** en su nariz el **aliento** de **vida**; y el hombre fue un **ser** **viviente**.

Génesis 2:8, 15 Dios **puso** al hombre en el **huerto** para que lo **cultivara** y lo **cuidara**.

Génesis 2:16 Dios **ordenó** al hombre.

Génesis 2:18 Dios hizo una **ayuda** para el hombre.

Génesis 2:19 Dios trajo las bestias y las aves para ver cómo el hombre los **llamaría**.

Génesis 2:22 La mujer es formada de la **costilla** del hombre.

Génesis 2:23 El hombre llama a su ayuda adecuada **mujer**, porque ella fue tomada del hombre.

Génesis 2:24 Un hombre **dejará** a su padre y a su madre y se **unirá** a su mujer; y serán una sola **carne**.

Génesis 2:25 El hombre y su mujer estaban ambos **desnudos** y no se avergonzaban.

¡Ahora dirígete a la hoguera y registraremos el resto de nuestros hallazgos mañana!

Guía de Instrucciones

Hombre:

Génesis 2:7 Dios formó al hombre del polvo de la tierra y sopló en su nariz el aliento de vida; y el hombre fue un ser viviente.

Génesis 2:8, 15 Dios puso al hombre en el huerto para que lo cultivara y lo cuidara.

Génesis 2:16 Dios ordenó al hombre.

Génesis 2:18 Dios hizo una ayuda para el hombre.

Génesis 2:19 Dios trajo a los animales y aves al hombre para ver cómo los llamaría.

Génesis 2:22 La mujer es formada de la costilla del hombre.

Génesis 2:23 El hombre llama a su ayudante mujer porque ella fue tomada del varón.

Génesis 2:24 El hombre dejará a su padre y su madre y se unirá a su mujer; y serán una sola carne.

Génesis 2:25 El hombre y su mujer estaban ambos desnudos y no se avergonzaban.

Has trabajado duro para completar esta lección. Dios está complacido.

Guía de Instrucciones

Pide a Dios que te haga consciente de todo lo que Él ha hecho.

123 Ve a la página 120 y lee "Nuevos Descubrimientos".

124 Completa las Notas de Campo en las páginas 121 y 122 (mira la Guía del Maestro página 162).

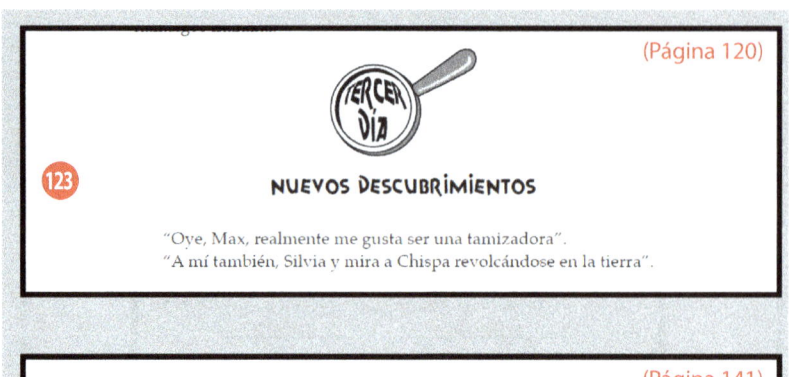

Cirniendo el Suelo 161

Guía de Instrucciones

3 Dios bendijo el séptimo día y lo santificó, porque en él reposó de toda la obra que Él había creado y hecho. (Página 142)

4 Estos son los orígenes de los cielos y de la tierra cuando fueron creados, el día en que el Señor Dios hizo la tierra y los cielos.

5 Aún no había ningún arbusto del campo en la tierra, ni había aún brotado ninguna planta del campo, porque el Señor Dios no había enviado lluvia sobre la tierra, ni había hombre para labrar la tierra.

6 Pero se levantaba de la tierra un vapor que regaba toda la superficie del suelo.

7 Entonces el Señor Dios formó al hombre del polvo de la tierra y sopló en su nariz el aliento de vida y fue el hombre un ser viviente.

8 Y el Señor Dios plantó un huerto hacia el oriente, en Edén y puso allí al hombre que había formado.

9 El Señor Dios hizo brotar de la tierra todo árbol agradable a la vista y bueno para comer. Asimismo, en medio del huerto, hizo brotar el árbol de la vida y el árbol del conocimiento (de la ciencia) del bien y del mal.

Registro de Observaciones 143

10 Del Edén salía un río para regar el huerto y de allí se dividía y se convertía en *otros* cuatro ríos.

11 El nombre del primero es Pisón. Este es el que rodea toda la tierra de Havila, donde hay oro.

12 El oro de aquella tierra es bueno; allí hay bedelio y ónice.

13 El nombre del segundo río es Gihón. Este es el que rodea la tierra de Cus.

14 El nombre del tercer río es Tigris. Este es el que corre al oriente de Asiria. Y el cuarto río es el Éufrates.

15 El Señor Dios tomó al hombre y lo puso en el huerto del Edén para que lo cultivara y lo cuidara.

16 Y el Señor Dios ordenó al hombre: "De todo árbol del huerto podrás comer,

17 pero del árbol del conocimiento (de la ciencia) del bien y del mal no comerás, porque el día que de él comas, ciertamente morirás."

Guía de Instrucciones

Tierra:

Génesis 2:1 Los cielos y la tierra fueron <u>completados</u> y todas sus huestes.

Génesis 2:4 Dios <u>hizo</u> la tierra y los cielos.

Génesis 2:5 No había ningún <u>arbusto</u> del campo en la tierra, porque el Señor Dios no había enviado <u>lluvia</u> sobre la tierra.

Génesis 2:6 Un <u>vapor</u> se levantaba de la tierra y regaba toda la superficie de la <u>tierra</u>.

Huerto:

Génesis 2:8 Dios <u>plantó</u> el huerto hacia el <u>este</u> en <u>Edén</u>; y puso allí al hombre.

Génesis 2:9 En medio del huerto estaba el <u>árbol</u> de la <u>vida</u> y el <u>árbol</u> del <u>conocimiento</u> del <u>bien</u> y del <u>mal</u>.

Génesis 2:10 Un <u>río</u> salía del Edén para <u>regar</u> el huerto.

Génesis 2:15 El hombre debía <u>cultivar</u> y <u>cuidar</u> el huerto del Edén.

Génesis 2:16, 17 El hombre podía <u>comer</u> de cualquier <u>árbol</u> en el huerto excepto del árbol del conocimiento del bien y del mal.

Guía de Instrucciones

Árbol:

Génesis 2:9 Dios hizo brotar de la tierra todo árbol agradable a la vista y bueno para comer; el árbol de la vida y el árbol del conocimiento del bien y del mal.

Génesis 2:16 Dios ordenó al hombre, diciéndole que podía comer de cualquier árbol excepto del árbol del conocimiento del bien y del mal.

Génesis 2:17 Comer del árbol del conocimiento del bien y del mal haría que el hombre muera.

Mira tu verso para memorizar y practícalo en voz alta con un amigo.

Guía de Instrucciones

Dile a Dios que quieres aprender un mensaje especial de Él en este día. Pide por Su dirección al volver a leer Génesis 2 en la página 141.

🟠125 Ve a la página 122 y lee "Reconstruyendo la Escena".

Responde las preguntas de las páginas 123-124 usando los versos de Génesis 2 en las páginas 141-144.

(Página 122)

🟠125

RECONSTRUYENDO LA ESCENA

Ahora que Chispa está limpio y hemos cernido la tierra y registrado nuestros hallazgos, comencemos a reconstruir la escena, mientras Dios nos dice más sobre qué pasó en el Sexto Día de la Creación.

Antes de buscar las respuestas a las seis preguntas básicas, ¿recordaste presentarte ante el "Jefe de Excavación"? Buen trabajo.

Vamos a reconstruir la escena. Lee Génesis 2 en la página 141.

Génesis 2:7 ¿CÓMO hizo Dios al hombre?

(Página 141)

Capítulo 2

1 Así fueron acabados los cielos y la tierra y todas sus huestes (todo lo que en ellos hay).

---

142   REGISTRO DE OBSERVACIONES

2 En el séptimo día ya Dios había completado la obra que había estado haciendo y reposó en el día séptimo de toda la obra que había hecho.

3 Dios bendijo el séptimo día y lo santificó, porque en él reposó de toda la obra que Él había creado y hecho.

4 Estos son los orígenes de los cielos y de la tierra cuando fueron creados, el día en que el SEÑOR Dios hizo la tierra y los cielos.

5 Aún no había ningún arbusto del campo en la tierra, ni había aún brotado ninguna planta del campo, porque el SEÑOR Dios no había enviado lluvia sobre la tierra, ni había **hombre** para labrar la tierra.

6 Pero se levantaba de la tierra un vapor que regaba toda la superficie del suelo.

7 Entonces el SEÑOR Dios formó al **hombre** del polvo de la tierra y sopló en su nariz el aliento de vida y fue el **hombre** un ser viviente.

Cirniendo el Suelo 165

Guía de Instrucciones

8 Y el Señor Dios plantó un huerto hacia el oriente, en Edén y puso allí al hombre que había formado. (Página 142)

9 El Señor Dios hizo brotar de la tierra todo árbol agradable a la vista y bueno para comer. Asimismo, en medio del huerto, hizo brotar el árbol de la vida y el árbol del conocimiento (de la ciencia) del bien y del mal.

Registro de Observaciones 143

10 Del Edén salía un río para regar el huerto y de allí se dividía y se convertía en *otros* cuatro ríos.

11 El nombre del primero es Pisón. Este es el que rodea toda la tierra de Havila, donde hay oro.

12 El oro de aquella tierra es bueno; allí hay bedelio y ónice.

13 El nombre del segundo río es Gihón. Este es el que rodea la tierra de Cus.

14 El nombre del tercer río es Tigris. Este es el que corre al oriente de Asiria. Y el cuarto río es el Éufrates.

15 El Señor Dios tomó al hombre y lo puso en el huerto del Edén para que lo cultivara y lo cuidara.

16 Y el Señor Dios ordenó al hombre: "De todo árbol del huerto podrás comer,

17 pero del árbol del conocimiento (de la ciencia) del bien y del mal no comerás, porque el día que de él comas, ciertamente morirás."

18 Entonces el Señor Dios dijo: "No es bueno que el hombre esté solo; le haré una ayuda adecuada."

19 Y el Señor Dios formó de la tierra todo animal del campo y toda ave del cielo, y *los* trajo al hombre para ver cómo los llamaría. Como el hombre llamó a cada ser viviente, ése fue su nombre.

Guía de Instrucciones

> **144** REGISTRO DE OBSERVACIONES
>
> 20 El hombre puso nombre a todo ganado y a las aves del cielo y a todo animal del campo, pero para Adán no se encontró una ayuda que fuera adecuada para él.
>
> 21 Entonces el SEÑOR Dios hizo caer un sueño profundo sobre el hombre, y éste se durmió. Y Dios tomó una de sus costillas y cerró la carne en ese lugar.
>
> 22 De la costilla que el SEÑOR Dios había tomado del hombre, formó una mujer y la trajo al hombre.
>
> 23 Y el hombre dijo:
>
> "Esta es ahora hueso de mis huesos,
>
> Y carne de mi carne.
>
> Ella será llamada mujer,
>
> Porque del hombre fue tomada."
>
> 24 Por tanto el hombre dejará a su padre y a su madre y se unirá a su mujer y serán una sola carne.
>
> 25 Ambos estaban desnudos, el hombre y su mujer, pero no se avergonzaban.

Cirniendo el Suelo   123

Dios **formó** al hombre del **polvo** de la tierra.

Dios **sopló** en su nariz y el hombre fue un **ser viviente**.

Génesis 2:8 ¿DÓNDE puso Dios al hombre para que viva?

En el huerto del Edén

Génesis 2:15 ¿CUÁL era el trabajo del hombre?

Cultivar y cuidar el huerto

Génesis 1:29 y 2:16 ¿CÓMO debía el hombre obtener su alimento?

De las plantas y de cualquier árbol del huerto

Génesis 2:16 ¿CUÁL era la única cosa que Dios le dijo al hombre que no hiciera?

Él no podía comer del árbol del conocimiento del bien y del mal

Génesis 2:17 ¿QUÉ pasaría si el hombre desobedecía?

Él moriría

Génesis 2:19 ¿QUÉ puso Dios a hacer al hombre?

Llamar al ganado, aves y bestias

Génesis 2:20 Después que el hombre dio nombre al ganado, aves y bestias, ¿de QUÉ se dio cuenta Adán?

Que no había ayuda adecuada para él

Guía de Instrucciones

Génesis 2:7 ¿CÓMO hizo Dios al hombre? <u>Dios formó al hombre del polvo de la tierra.</u>

Dios <u>sopló</u> en su nariz y fue el hombre un <u>ser viviente.</u>

Génesis 2:8 ¿DÓNDE puso Dios al hombre para que viviera? <u>En el huerto del Edén.</u>

Génesis 2:15 ¿CUÁL era el trabajo del hombre? <u>Cultivar y cuidar el huerto.</u>

Génesis 1:29 y 2:16 ¿De DÓNDE debía el hombre conseguir su alimento? <u>De las plantas y de cualquier árbol del huerto.</u>

Génesis 2:16-17 ¿CUÁL era la única cosa que Dios le dijo al hombre que no podía hacer? <u>Él no podía comer del árbol del conocimiento del bien y del mal.</u>

Génesis 2:17 ¿QUÉ pasaría si el hombre desobedecía? <u>Él moriría.</u>

Génesis 2:19 ¿QUÉ puso Dios a hacer al hombre? <u>Llamar al ganado, aves y bestias.</u>

Génesis 2:20 Después que el hombre llama al ganado, aves y bestias, ¿de <u>qué</u> se da cuenta Adán? <u>Que no había ayuda adecuada para él.</u>

Guía de Instrucciones

Génesis 2:21-22 ¿QUÉ hizo Dios luego? Él puso al hombre en un sueño profundo y tomó una costilla de él y formó una mujer de la costilla.

Génesis 2:22 ¿CÓMO hizo Dios a la mujer? De la costilla del hombre.

Génesis 2:23-24 ¿CÓMO era la relación del hombre y la mujer? ¿QUÉ debían hacer? Ellos debían unirse en una sola carne.

¿POR QUÉ está mal el divorcio? Busca y lee Mateo 19:3-9.

Mateo 19:6 ¿POR QUÉ un hombre y una mujer no deben separarse? Porque Dios los ha unido como uno solo.

Dirige una discusión sobre la importancia del matrimonio a los ojos de Dios.

Lee la última nota en la página 124.

Cirniendo el Suelo 125

UN DESCUBRIMIENTO IMPORTANTE

"Oye, Silvia, ¿puedes creer que este es nuestro último día en nuestra excavación? Mamá, Papá, la tía Katy y el tío Guillermo llegarán mañana en la tarde".

"Lo sé Max. No puedo esperar para ver a todos, pero realmente no es nuestro último día en la excavación, porque vendremos en unas pocas semanas".

"¡No puedo esperar! Será mejor que llenemos nuestras cantimploras y volvamos al hoyo".

Ayer al reconstruir la escena en Génesis 2, desenterramos cuán especial es el hombre para Dios. Hoy al terminar con el sitio de excavación, busquemos más evidencia que muestra qué piensa Dios sobre el hombre, al examinar algunas referencias cruzadas.

Leamos Job 10:8-9. ¿De QUÉ formó Dios al hombre?

Barro / polvo

Busca y lee Job 33:4. ¿CÓMO tiene vida el hombre?

Aliento del Todopoderoso

Salmos 100:3 ¿QUIÉN nos hizo?

Dios

Salmos 139:13 ¿CÓMO nos hace Dios?
Él forma nuestras entrañas. El nos hizo en el seno de nuestras madres

---

Guía de Instrucciones

 Ve a la página 125 y lee "Un Descubrimiento Importante".

Pide a Dios que te dé un claro entendimiento sobre cuán especial eres para Él.

Lee los versos para responder las preguntas respectivas en las páginas 125-126.

Job 10:8-9 ¿De QUÉ hizo Dios al hombre?
Barro/polvo

Job 33:4 ¿CÓMO es que el hombre tiene vida?
El aliento del Todopoderoso.

Salmos 100:3 ¿QUIÉN nos hizo? Dios

Salmos 139:13 ¿CÓMO nos hizo Dios? Él forma nuestras entrañas. Él nos hizo en el seno de nuestras madres.

Guía de Instrucciones

Isaías 43:7 ¿Para QUÉ fuimos hechos? <u>Para la gloria de Dios.</u>

Isaías 64:8 ¿QUIÉN es el Alfarero? <u>El Señor</u>

¿QUIÉN es el barro? <u>El hombre</u>

DIRIGE UNA DISCUSIÓN para responder las siguientes preguntas. Haz referencia a Isaías 43:7 y pide a los estudiantes que respondan:

¿QUÉ haces para honrar a Dios?

Isaías 43:7 ¿POR QUÉ fuimos hechos?

Para la gloria de Dios

Isaías 64:8 ¿QUIÉN es el alfarero?

El Señor

¿QUIÉN es el barro?

El hombre

¿DEBERÍA el barro decirle al alfarero cómo hacer la vasija?
___ Sí ___ No

Entonces ¿por qué tratamos y ordenamos a Dios lo que queremos, en lugar de pedirle lo que Él quiere? ¿Dejarás que Dios te moldee y te haga más como Él?
___ Sí ___ No

Regresa a Isaías 43:7 y mira POR QUÉ fuimos creados.

¿QUÉ significa ser creados para la gloria de Dios? Eso significa que deberíamos vivir para traer honra a Dios. Deberíamos hacer las cosas que Dios quiere que hagamos.

¿QUÉ haces para honrar a Dios? Haz una lista de varias cosas.

_____

_____

_____

¿Haces algo que no Lo honra, como decir mentiras o burlarte de alguien en la escuela? ___ Sí ___ No

Guía de Instrucciones

¿CÓMO deberías tratar a otras personas que Dios hizo a Su imagen?

¿CÓMO crees que Dios se siente respecto a los niños que se burlan unos de otros?

Dirige a los estudiantes en cada pregunta en la página 127 y lee las notas al final de la página.

Ahora que sabes que Dios te hizo para que Lo honres, ¿te importa lo que haces, cómo te vistes y el lenguaje que usas?
____ Sí ____ No

¿Necesitas tratar mejor a otras personas?
____ Sí ____ No

¿Necesitas cambiar la manera en que te vistes?
____ Sí ____ No

¿Necesitas limpiar tu vocabulario?
____ Sí ____ No

¿CÓMO tratar a las otras personas que Dios hizo a Su imagen?

_____

Los niños pueden ser muy malos unos con otros, burlándose de qué tan grande es la nariz de uno, burlándose si uno es gordo o flaco, muy listo o tonto. ¿Cómo crees que Dios se siente sobre los niños que se burlan de los otros?

_____

Si te burlas de otros chicos, ¿te estás burlando de la creación de Dios? ____ Sí ____ No

Dios hizo especial a cada hombre, a diferencia de cualquier otra parte de Su creación. Di en voz alta tu verso para memorizar. Eres hecho asombrosa y maravillosamente, ¡eres especial! Dios te formó en el seno de tu madre para que seas exactamente como eres.

Éxodo 4:11 dice: "Y el Señor le dijo: '¿Quién ha hecho la boca del hombre? ¿O quién hace al hombre mudo o sordo, con vista o ciego? ¿No soy Yo, el Señor?'"

¿Dios comete errores? ¡Absolutamente no! Somos hechos a imagen de Dios y debemos traerle honor. Él proveyó todo lo que necesitábamos desde el mismísimo principio de nuestra creación. Él

Guía de Instrucciones

128 Pide a los estudiantes que escriban una carta de agradecimiento a Dios por sí mismos.

129 Lee las notas en la parte inferior de la página 128 y pide a los estudiantes que respondan por cuenta propia.

¿Crees que Dios tiene un plan para ti?

¿Le preguntarás a Dios cuál es ese plan y vivirás para Él?

---

128 nos bendijo y vio todo lo que Él había hecho y era en gran manera bueno.

Piensa en CÓMO Dios te hizo especial. Por ejemplo, ¿eres bueno para las matemáticas, te gusta inventar historias, puedes cantar, eres bueno en los deportes o prefieres tocar el piano? Escribe una nota de agradecimiento para Dios a continuación, diciéndole cuán agradecido estás por la manera en que Él te hizo y por los dones y habilidades que Él te ha dado:

_____

_____

_____

_____

129 Una manera en que podemos honrar a Dios es ser amable con todos y no burlarnos de aquellos que Él creó. ¿Por qué no escribes otra nota en una hoja de papel para alguien que es diferente a ti? Anímalo al compartirle cómo Dios hizo especial a esa persona. Dile que admiras la manera que él puede tirar un balón de baloncesto o lo graciosas que son sus bromas. Luego pon esta nota en un libro o en un casillero para sorprender a esa persona. ¡Qué manera más maravillosa de honrar a Dios que también hizo especial a él o ella!

Ahora, al terminar Génesis, Parte Uno, vemos que Dios tenía un plan para el universo. ¿Crees que Dios tiene un plan para ti?
_____ Sí _____ No

¿Le preguntarás a Dios cuál es ese plan y vivirás tu vida para Él, ya que fuiste hecho por Él y para Su gloria?
_____ Sí _____ No

Cirniendo el Suelo 129

¡Lo hiciste! Has desenterrado las verdades de Dios en Génesis, Parte Uno. ¡Estamos muuuy orgullosos de ti! ¡Ahora vamos al campamento para mostrar orgullosamente nuestros hallazgos importantes!

De Vuelta en el Campamento

¡Vaya! ¿Puedes creer que nuestra excavación ha terminado? Parece que tan solo ayer llegamos al campamento y nos cambiamos a nuestros pantalones caquis y nos dirigimos al sitio de excavación. Mira todo lo que hemos descubierto. Sabemos quién hizo la tierra y cuál es la edad de la tierra. Hemos visto que Dios el Padre, Dios el Hijo (Jesús) y el Espíritu Santo tuvieron parte en la Creación. Vimos que Dios es un Dios de acción, que Él es un Dios de orden y lógica y que Él tuvo un plan perfecto para cada parte de Su creación. Sabemos que, sin importar lo que cualquiera nos diga, somos creados a imagen de Dios. Somos hechos asombrosa y maravillosamente. ¡Eso es tan espectacular! ¡Nuestro Dios es tan asombroso! Él es el Diseñador Maestro que creó una tierra perfecta para ti y para mí.

¿Es la tierra un lugar perfecto hoy? Encontraremos la respuesta a esa pregunta al continuar excavando la verdad en Génesis, Parte Dos: *Desenterrando el Pasado*. ¿No estás emocionado que nuestra expedición no ha terminado realmente? ¿Regresarás y nos ayudarás a descubrir qué ocurre en el huerto después que Dios crea el primer matrimonio? Seguramente será una aventura muy emocionante.

Ahora, al reunirnos alrededor de la hoguera por última vez, ¡di en voz alta el Salmo 139:13-14 y dilo con todo tu ser! Dios te ama y nosotros te amamos. Nos veremos muy pronto.

(Chispa)

Guía de Instrucciones

 Lee "De Vuelta en el Campamento" en la página 129.

Encuentra Salmos 139:13-14 y lean estos versos en voz alta como grupo.

> "Porque Tú formaste mis entrañas;
>
> Me hiciste en el seno de mi madre.
>
> Te daré gracias, porque asombrosa y
>
> maravillosamente he sido hecho;
>
> Maravillosas son Tus obras,
>
> Y mi alma lo sabe muy bien".

Dios escucha la voz de tu corazón. Él está orgulloso de tu deseo de conocerlo más a Él y Su Palabra.

Guía de Instrucciones

Si eres un maestro de aula querrás tomarles el verso para memorizar como lección a tus estudiantes. Además hay una lección de la Sexta Semana en la página 180 para evaluar la memorización y comprensión.

Adicionalmente, hay Examen Final en las páginas 181-182 para repasar todo lo que los niños han aprendido en las últimas seis semanas.

Ahora, juega el *Juego de Dibujar* en la página 184 y que los niños dibujen todo lo que han aprendido en "*La Asombrosa Creación de Dios*".

SEXTA SEMANA

P.D.: Tenemos otras divertidas aventuras en estudios bíblicos inductivos para ti:

¡Jonás, Camino Equivocado! (Jonás)

Jesucristo en Escena (Juan 1-10)

Jesucristo, Asombroso Poder, Asombroso Amor (Juan 11-16)

Jesucristo, ¡Hacia la Eternidad y Más Allá! (Juan 17-21)

¡Sí que tengo problemas! (Santiago)

Cómo Estudiar Tu Biblia para Niños

Descubre Por Ti Mismo "La Asombrosa Creación de Dios" Lecciones

Semana 1: El Sitio de Excavación

1. Génesis 1 y 2 tratan de la _____.
    a. Resurrección
    b. Intercesión
    c. Creación
    d. Redención

2. Génesis 3 trata de _____.
    a. Juan y José
    b. Adán y Eva
    c. Pedro y Pablo
    d. Reyes y Faraones

3. Génesis 4 trata de _____.
    a. Árboles y plantas
    b. Ganado y perros
    c. Caín y Abel
    d. Adán y Eva

4. Génesis 5 trata de _____.
    a. Creación de ángeles
    b. Generaciones de Moisés
    c. Generaciones de Adán
    d. Estaciones de tiempo

5. ¿Cómo se llaman los primeros cinco libros de la Biblia?
    a. Epístolas o Poesía
    b. Pentateuco o Torá
    c. Evangelios y Salmos
    d. Profetas Mayores y Menores

6. Para escribir la Biblia, el hombre obtuvo las ideas de _____.
    a. Otros hombres
    b. Ángeles
    c. Ellos mismos
    d. El Espíritu Santo

7. ¿Quién de los siguientes escribió las palabras del Señor?
    a. Moisés
    b. Adán
    c. Eva
    d. Abel

8. Toda Escritura es inspirada por _____.
    a. el hombre
    b. Dios
    c. ángeles
    d. demonios

9. ¿Qué es la Biblia esencialmente?
    a. Historias
    b. Fábulas
    c. Verdad
    d. Mitos

10. La Palabra de Dios es _____ por Dios.
    a. Inspirada
    b. Sentida
    c. Vista
    d. Oída

Verso para memorizar

2 Timoteo 3:16-17

"Toda Escritura es inspirada por Dios y útil para enseñar, para reprender, para corregir, para instruir en justicia, a fin de que el hombre de Dios sea perfecto, equipado para toda buena obra".

Semana 2: La Excavación Comienza

1. ¿Quién creó los cielos y la tierra?
    a. Dios
    b. Satanás
    c. Miguel
    d. Gabriel

2. ¿Cómo se describe a la tierra en el principio?
    a. Negra y azul
    b. Oscura y repleta
    c. Sin orden y vacía
    d. Redonda y bella

3. ¿Qué estaba haciendo el Espíritu de Dios sobre la superficie de las aguas?
    a. Pescando
    b. Moviéndose
    c. Soplando
    d. Ignorando

4. ¿Cómo vino la luz al mundo?
    a. Por el sol
    b. Por la luna
    c. Por la Palabra de Dios
    d. Por las estrellas

5. ¿Qué separó la expansión?
    a. Aguas de las aguas
    b. Plantas de los animales
    c. Gente de los animales
    d. Día de la noche

6. ¿Qué lumbreras hizo Dios en el Cuarto Día?
    a. Lumbrera mayor-sol
    b. Lumbrera menor-luna
    c. Estrellas
    d. Todas las anteriores

7. ¿Qué creó Dios en el mar?
    a. Hombres
    b. Ángeles
    c. Seres vivientes
    d. Polución

8. ¿Qué hizo Dios a imagen Suya?
    a. El hombre
    b. Animales
    c. Plantas
    d. Planetas

9. ¿Qué debía hacer el hombre?
    a. Ejercitarse
    b. Divertirse
    c. Ejercer dominio sobre todo
    d. Nada

10. ¿Qué hizo Dios en el séptimo día?
    a. Se ejercitó
    b. Alimentó animales y plantas
    c. Comió del árbol de los frutos y las nueces
    d. Reposó

Verso para memorizar

Génesis 1:1

"En el principio Dios creó los cielos y la tierra".

Semana 3: Palas, Picos y Cepillos

1. ¿Qué se movía sobre la superficie de las aguas?
    a. El Espíritu de Dios
    b. Tormentas
    c. Vientos
    d. Aves

2. Los cielos fueron hechos por:
    a. Ángeles
    b. La Palabra de Dios
    c. Satanás
    d. No fueron hechos, siempre han existido

3. ¿Cómo entendemos que el universo fue preparado?
    a. Por la evolución
    b. Por la ciencia
    c. Por la fe en la Palabra de Dios
    d. Por la filosofía

4. Hebreos 11:3 el universo fue preparado por la _____.
    a. Palabra de Dios
    b. revelación de los ángeles
    c. evolución de la materia
    d. teoría del Big Bang

5. Dios ordenó al hombre que fuera _____ y se multiplicara.
    a. Feliz
    b. Vago
    c. Fecundo
    d. Salvaje

6. ¿Qué frase clave nos dice lo que "Dios vio" sobre Su creación?
    a. Era colorida
    b. Era bueno
    c. Era malo
    d. Estaba bien, más o menos

7. En el séptimo día, Dios _____ Su creación.
    a. Creó y dio forma
    b. Bendijo y santificó
    c. Pintó y regó
    d. Pensó e hizo

8. ¿Quién era en el principio?
    a. El Verbo
    b. Los ángeles
    c. Los cielos
    d. La tierra

9. ¿Quién dijo: "El Padre y Yo somos uno"?
    a. Moisés
    b. Miguel
    c. Jesús
    d. Adán

10. ¿Cómo fue creado el hombre?
    a. A imagen de la mujer
    b. A imagen de Dios
    c. A imagen de los ángeles
    d. A imagen de los animales

Verso para Memorizar

Génesis 1:31

"Dios vio todo lo que había hecho; y era bueno en gran manera. Y fue la tarde y fue la mañana: el sexto día".

Semana 4: Extrayendo la Evidencia

1. ¿Cómo se veía la tierra en el principio?
   a. Sin orden
   b. Grande
   c. Pequeña
   d. Brillante

2. ¿Qué luz existía en el primer día?
   a. Luna
   b. Sol
   c. La gloria de Dios
   d. Estrellas

3. ¿De qué separó Dios a la luz?
   a. Energía
   b. Materia
   c. Espacio
   d. Tinieblas

4. ¿Dónde está la expansión?
   a. En medio de las aguas
   b. En el huerto
   c. En el campo
   d. En el océano

5. ¿Cómo llamó Dios a la expansión?
   a. Luz
   b. Tinieblas
   c. Cielos
   d. Tierra

6. El conjunto de aguas fue llamado _____.
   a. Mares
   b. Ríos
   c. Lagos
   d. Bahías

7. ¿Quién debía someter y ejercer dominio sobre la tierra?
   a. Dinosaurios
   b. Ángeles
   c. El hombre
   d. Langostas

8. Los cielos declaran la _____ de Dios.
   a. Gloria
   b. Altura
   c. Actitud
   d. Ira

9. ¿Qué cuenta y llama Dios?
   a. Planetas
   b. Estrellas
   c. Plantas
   d. Animales

10. ¿Dónde están las lumbreras?
    a. En los techos
    b. En el campo
    c. En los cielos
    d. En los planetas

Verso para Memorizar

Salmos 118:24

"Este es el día que el Señor ha hecho; regocijémonos y alegrémonos en él".

Semana 5: Nuestra Expedición Continúa

1. ¿Qué crea Dios en las aguas?
    a. Aves
    b. Monstruos marinos
    c. Multitudes de seres vivientes
    d. b & c son correctas

2. Dios hizo al hombre según Su _____.
    a. Imagen
    b. Ira
    c. Misericordia
    d. Mente

3. Dios dijo al hombre que fuera _____.
    a. Bullicioso
    b. Feliz
    c. Fecundo
    d. Callado

4. El hombre debe llenar la tierra, someterla y ejercer _____ sobre ella.
    a. Manejo
    b. Dominio
    c. Vigilancia
    d. Vuelos

5. Dios hace la verdad evidente al hombre mediante
    a. la creación
    b. los ángeles
    c. la ciencia
    d. la filosofía

6. Si no honramos a Dios en nuestros corazones, nos
    a. entristecemos
    b. entenebrecemos
    c. hacemos entendidos
    d. iluminados

7. El hombre cambió la verdad por la
    a. esperanza
    b. mentira
    c. fe
    d. hipótesis (supuesto)

8. Nada es _____ para Dios.
    a. Bueno
    b. Pequeño
    c. Imposible
    d. Sencillo

9. Dios creó las estrellas y las llamó por su _____.
    a. Nombre
    b. Número
    c. Forma
    d. Color

10. Dios no se fatiga ni se _____.
    a. Alegra
    b. Cansa
    c. Calma
    d. Despierta

Verso para Memorizar

Génesis 1:27

"Dios creó al hombre a imagen Suya, a imagen de Dios lo creó; varón y hembra los creó".

Semana 6: Tamizando la Tierra

1. Dios tomó al hombre y lo puso en el _____.
   a. Monte
   b. Desierto
   c. Campo
   d. Huerto

2. Dios hizo una _____ adecuada para el hombre.
   a. Viña
   b. Ayuda
   c. Mascota
   d. Pala

3. El Señor Dios formó a la mujer de _____ de Adán.
   a. el corazón
   b. un ligamento
   c. una costilla
   d. un tendón

4. Dios formó al hombre del _____.
   a. Polvo
   b. Rocas
   c. Césped
   d. Agua

5. Dios sopló el aliento de vida en la _____ del hombre.
   a. Cabeza
   b. Nariz
   c. Boca
   d. Barriga

6. El hombre llama a su ayuda _____.
   a. Eva
   b. Peste
   c. Mujer
   d. Amiga

7. ¿Cuál era el trabajo del hombre?
   a. Cultivar y cuidar el huerto
   b. Pescar
   c. Dar órdenes a Eva
   d. Cazar

8. ¿De dónde debía obtener el hombre su comida?
   a. Presas en el bosque
   b. Plantas y árboles en el huerto
   c. Peces en los ríos
   d. Cangrejos en los mares

9. ¿De qué árbol no debía comer el hombre?
   a. Árbol de la muerte
   b. Árbol de la libertad
   c. Árbol de la vida
   d. Árbol del conocimiento del bien y del mal

10. Nosotros fuimos creados para la _____ de Dios.
    a. Gloria
    b. Ira
    c. Diversión
    d. Indiferencia

Verso para Memorizar

Salmos 139:13-14

"Porque Tú formaste mis entrañas; me hiciste en el seno de mi madre. Te daré gracias, porque asombrosa y maravillosamente he sido hecho; maravillosas son Tus obras y mi alma lo sabe muy bien".

Examen Final de "La Asombrosa Creación de Dios" de "Descubre Por Ti Mismo"

1. ¿Quién escribió las palabras del Señor?
   a. Moisés
   b. Adán
   c. Eva
   d. Abel

2. Toda Escritura fue inspirada por
   a. el hombre
   b. Dios
   c. ángeles
   d. demonios

3. ¿Qué es la Biblia en esencia?
   a. Historias
   b. Fábulas
   c. Verdad
   d. Mitos

4. ¿Quién creó los cielos y la tierra?
   a. Dios
   b. Satanás
   c. Miguel
   d. Gabriel

5. ¿Cómo se describe a la tierra en el principio?
   a. Negra y azul
   b. Sin orden y vacía
   c. Oscura y llena
   d. Redonda y hermosa

6. ¿Qué estaba haciendo el Espíritu de Dios sobre la superficie de las aguas?
   a. Jugando
   b. Ignorando
   c. Moviéndose
   d. Soplando

7. ¿Qué separó la expansión?
   a. Aguas de las aguas
   b. Plantas de los animales
   c. Gente de los animales
   d. Día de la noche

8. ¿Qué hizo Dios a imagen Suya?
   a. Animales
   b. Plantas
   c. Hombre
   d. Planetas

9. ¿Qué hizo Dios en el séptimo día?
   a. Creó
   b. Comió
   c. Alimentó animales
   d. Reposó

10. Los cielos fueron hechos por
    a. La Palabra de Dios
    b. ángeles
    c. Satanás
    d. No fueron hechos, siempre han existido

11. En el séptimo día, Dios _____ Su creación.
    a. creó y dio forma
    b. bendijo y santificó
    c. plantó y regó
    d. pensó e hizo

12. ¿Quién dijo: "El Padre y Yo somos uno"?
    a. Jesús
    b. Moisés
    c. Adán
    d. Miguel

13. ¿Qué luz existía en el primer día?
    a. Sol
    b. Luna
    c. La gloria de Dios
    d. Estrellas

14. ¿De qué separó Dios a la luz?
    a. De las tinieblas
    b. Del espacio
    c. De la energía
    d. De la materia

Examen Final de "La Asombrosa Creación de Dios" de "Descubre Por Ti Mismo"

15. ¿Cómo llamó Dios a la expansión?
    a. Luz
    b. Tinieblas
    c. Cielos
    d. Tierra

16. ¿Quién debía someter y ejercer dominio sobre la tierra?
    a. El hombre
    b. Miguel
    c. Gabriel
    d. Satanás

17. ¿Qué cuenta y llama Dios?
    a. Planetas
    b. Estrellas
    c. Plantas
    d. Animales

18. Dios hizo al hombre según Su _____.
    a. Tiempo
    b. Espacio
    c. Imagen
    d. Mente

19. Dios hace la verdad evidente para el hombre mediante
    a. la creación
    b. los ángeles
    c. la ciencia
    d. la filosofía

20. Dios hizo al hombre una _____ adecuada para él.
    a. Vid
    b. Ayuda
    c. Mascota
    d. Pala

21. Dios formó al hombre del _____.
    a. Polvo
    b. Rocas
    c. Césped
    d. Agua

22. Fuimos creados para la _____ de Dios
    a. Gloria
    b. Ira
    c. Diversión
    d. Indiferencia

Respuestas de las Lecciones

Semana 1	Semana 2	Semana 3	Semana 4	Semana 5	Semana 6
1. c	1. a	1. a	1. a	1. d	1. d
2. b	2. c	2. b	2. c	2. a	2. b
3. c	3. b	3. c	3. d	3. c	3. c
4. c	4. c	4. a	4. a	4. b	4. a
5. b	5. a	5. c	5. c	5. a	5. b
6. d	6. d	6. b	6. a	6. b	6. c
7. a	7. c	7. b	7. c	7. b	7. a
8. b	8. a	8. a	8. a	8. c	8. b
9. c	9. c	9. c	9. b	9. a	9. d
10. a	10. d	10. b	10. c	10. b	10. a

Respuestas del Examen

1. a	12. a
2. b	13. c
3. c	14. a
4. a	15. c
5. b	16. a
6. c	17. b
7. a	18. c
8. c	19. a
9. d	20. b
10. a	21. a
11. b	22. a

Juegos Opcionales

Juego de Dibujar

Para jugar esto tendrás que escribir lo que quieres que los niños dibujen como los eventos principales en Génesis 1-5 en un papel y cortarlos individualmente.

Dobla cada pedazo de papel y ponlos en una bolsa con cierre o en un tazón.

Divide a tu clase en dos equipos.

Haz que un niño del Equipo 1 pase al frente de la clase y dibuje lo que esté escrito en un pedazo de papel de la bolsa. Luego que haya tomado un evento, el niño dibujará para representar lo que escogió en la pizarra acrílica. Ambos equipos observarán mientras el niño dibuja el evento. Cuando un niño de cualquier equipo crea que sabe lo que se está dibujando, puede levantar la mano y tú escoges al niño cuya mano veas levantada primero. Puede ser un niño de cualquier equipo. Si la respuesta no es adivinada, continúa dejándolos adivinar hasta que alguien diga la respuesta correcta.

Cuando alguien adivine correctamente el evento, recibe 100 puntos para su equipo. Luego, el maestro hace una pregunta sobre el dibujo al estudiante que adivinó correctamente el dibujo. Por ejemplo, si ellos estaban dibujando el evento principal de Génesis 1, el maestro podría preguntar, "¿CUÁNDO creó Dios los cielos y la tierra?" Si el estudiante responde correctamente, su equipo recibe 100 puntos adicionales para tener un total de 200 puntos. Si no responde bien, alguien del otro equipo recibe la oportunidad de responder correctamente la pregunta y recibir 100 puntos para su equipo, así cada equipo puede recibir 100 puntos.

Una vez que se den los puntos, viene el turno del Equipo 2 de escoger un evento de la bolsa y dibujarlo. Alterna entre equipos hasta que cada papel haya sido sacado y representado en la pizarra, haciendo preguntas después que se dibuje cada evento. Puedes recompensar al equipo ganador con un premio como unos dulces o caramelos o con un privilegio.

Juegos Opcionales

Juego de Emparejar

Necesitas al menos diez preguntas y respuestas de la lección que estás estudiando.

Escribe o imprime las respuestas en una hoja de papel. Elabora dos conjuntos de respuestas y corta las respuestas en tiras individuales y coloca cada conjunto de respuestas en un sobre separado.

Divide tu clase en dos equipos. Escoge a un estudiante de cada equipo y pídeles que se acerquen y se paren al frente tuyo, uno a la espalda del otro en medio del salón. En cada lado del cuarto debes haber puesto las respuestas de cada sobre y haberlas mezclado y colocado en dos montones en el piso.

Haz una pregunta y luego da una palmadita a ambos estudiantes y diles "Comiencen". Ellos deben salir corriendo desde donde tú estás a su lado del salón y buscar la respuesta correcta a la pregunta que acabaste de hacer en su montón. Si ellos te traen una respuesta incorrecta, diles "No, intenta de nuevo" y ellos corren nuevamente para encontrar la respuesta. El primero en regresar corriendo con la respuesta correcta, obtiene 100 puntos para su equipo. Continúa haciendo esto hasta que tengas respondidas todas tus preguntas y el equipo con mayor puntaje gana.

Juegos Opcionales

Saca un Chocolate

Si estás trabajando con un estudiante, aun así puedes jugar este juego haciendo las preguntas y dejando que el niño responda y saque un chocolate si responde correctamente. Diles que si ellos alcanzan cierta cantidad de puntos entonces recibirán una recompensa o un privilegio.

Necesitarás una bolsa de chocolates de diferentes colores. Vacíalos en un recipiente en que no se pueda ver el contenido. Escribe el valor de los puntos de los chocolates en una pizarra para que todos los niños lo vean. Puedes escoger el valor de los puntos dependiendo de cuántos hay de cada color, mientras más colores hayan menor será el valor de los puntos.

Café: 100 puntos

Rojo: 200 puntos

Amarillo: 300 puntos

Verde: 400 puntos

Azul: 500 puntos

Naranja: 600 puntos

Divide a los niños en dos equipos y hazles una pregunta de la lección o libro que estén estudiando. Si el niño que escogiste del primer equipo responde correctamente, el niño cerrará sus ojos y elegirá un chocolate del recipiente. Una vez que hayan escogido un color, pueden comerse el dulce y tú registrarás el puntaje que ganó su equipo en la pizarra. Si ellos responden incorrectamente, el otro equipo puede robarse la pregunta y sacar el chocolate; entonces será el turno de aquel equipo para responder la pregunta. El equipo con mayor puntaje gana.

Recompénsalos con un caramelo o un privilegio.

www.ingramcontent.com/pod-product-compliance
Lightning Source LLC
Chambersburg PA
CBHW081231170426
43198CB00017B/2724